앎과 삶

앎과 삶

초판발행 · 1972년 4월 25일
개정판 1쇄발행 · 2001년 4월 9일

지은이 · 이규호
펴낸이 · 최정헌
펴낸곳 · **좋은날**
주소 · 서울시 서대문구 충정로 3가 8-5호 동아 아트 1층
전화번호 · 392-2588~9
팩시밀리 · 313-0104

등록일자 · 1995년 12월 9일
등록번호 · 제 13-444호

값 · 8,000원

앎과 삶

解釋學的 知識論

李奎浩 著

좋은날

■ 머리말

  1964년 출판된 나의 책 『현대철학의 이해』에서 나는 현대철학의 세
가지 큰 과제들을 철학적 인간학과 언어철학과 해석학이라 했었다. 그
래서 나는 『사람됨의 뜻』(철학적 인간학)과 『말의 힘』(언어철학)을 내
면서부터 늘 해석학을 함께 염두에 두고 있었다. 해석학은 처음에는 자
연과학과 대립되는 정신과학 혹은 요즘 말을 빌리면 인간과학(human
sciences)을 위한 방법론으로 전개되었었다. 인간의 삶의 현상은 자연
현상처럼 보편적인 법칙에 의해서 객관적으로 설명되는 것이 아니고
그 의미를 통해서 이해되어야 한다는 것이었다. 그런데 그후 이러한 해
석학이 딜타이와 하이데거를 통해서 단순한 인간과학의 방법론이 아니
고 삶과 실존의 근본구조로서의 "이해"를 다루는 것으로 위치가 바뀌
어졌다. "삶은 이해이다" 혹은 "실존한다는 것은 이해한다는 것이다"
라고들 했다. 인간의 삶과 실존의 근본적인 모습이 바로 "이해한다"는
데 있다는 것이다. 이렇게 해서 해석학은 전통적인 철학의 표현을 빌리
면 존재론적 인식론으로서 철학의 전면에 드러났다.
  그러나 내가 그 동안, 이 문제를 다루는 것을 꺼려한 것은 해석학이
그 배후에 숨겨두고 있는 방법론적인 이원론 때문이었다. 우리의 지식
을 자연과학적인 지식과 인간과학적인 지식으로 구별하는 결과를 가져
오는 이원론을 말한다. 이런 이원론을 극복하려는 인식론적인 혹은 방
법론적인 시도는 그 동안 어디서도 적극적으로 나타나지는 않았었다.
1960년에 나는 가다머(Gadamer)의 해석학 『진리와 방법』에서도 역

시 그러한 이원론의 극복을 위한 아무런 시도나 실마리도 찾을 수가 없었다.

그러나 1970년에 나온 볼노브(Bollnow)의 『인식의 철학』과 1968년에 나온 하버마스(Habermas)의 『인식과 관심』 그리고 역시 1968년에 나온 한스 앨버트(Hans Albert)의 『비판적인 이성에 대한 논문』 등이 그러한 이원론을 초월한 새로운 인식론적인 전개들이라고 할 수 있다. 여기서는 종래 대립되어 있었던 해석학과 과학철학이 서로 접근해서 만났다. 여기에는 물론 종래의 실증주의적인 과학주의를 극복하려는 과학철학의 새로운 발전이 전제되어 있다. 나의 이 책은 이러한 철학의 경향에 힘입어서 비로소 나타나게 된 것이다.

더 구체적으로 이 책의 집필을 재촉한 것은 1970년 초에 내가 《정경연구》에 발표한 글 〈사회과학 방법론의 철학적 반성〉이 불러일으킨 몇 사람의 사회과학도의 관심 때문이다. 〈정경연구〉를 통해서 간단한 토론이 있었으나 누구도 그러한 잡지를 통한 토론에서는 문제를 철저히 다루지 못한다. 만약 이 책 속에 논쟁적인 표현들이 노출되어 있으면 그것은 그러한 동기의 영향이라고 이해되기 바란다. 그리고 늘 생각하고 준비하기는 했으면서 서울에서의 나의 번거로운 삶이 집필을 방해했으나 이곳 백림 교육연구소의 연구실이 나를 이 책의 집필을 위해서 보호해 주었다. 이 책의 집필과 출판을 도와주신 연세대학교 출판부에 감사한다. 내가 백림에 머물고 있는 동안 이 책의 교정을 책임성 있게 맡아준 장일조(張日祚) 선생에게 특히 감사한다.

1971년 12월 1일
백림 Max-Planck 교육연구소에서
이규호

앎과 삶

■ 차 례

1

지식과 행동

지식과 행동의 괴리 / 역사주의의 상대화 / 과학주의의 가치중립성

전통적으로 지식과 행동, 그리고 학문과 인격이 밀접한 관계를 가지고 있었다. 그런데 현대 기술문명의 사회에 있어서는 지식과 행동이 분리되고 학문과 인격이 별로 밀접한 관계를 갖지 않게 되었다. 기술적인 이용을 위주로 한 지식과 가치중립의 과학이 이러한 경향을 촉진시켰다고 할 수 있다. 나는 이러한 지식과 행동의 분리를 두 단계로 나누어서 설명해 보려고 한다.

첫째 단계로서 인간의 지식은 19세기의 역사주의를 통해서 무력하게 되었다. 원래 지식은 인격의 힘이었다. 그런데 역사주의는 인간의 모든 지식을 상대화해 버렸다. 하나의 문화적인 전통 속에 갇혀 있는 사람은 그 문화의 전승에서 얻은 모든 지식을 단순하게 절대적인 것으로 믿을 수가 있었다. 그러나 우리는 역사학을 통해서 시야를 넓혔다. 우리는 모두 하나의 문화적인 전통

의 좁은 탑 속에서 하늘을 우러러 보는 것이 아니고 우리의 좁은 탑 밖에도 수없이 많은 다른 탑들이 있다는 것을 알게 되었다.

문화적인 전통이 다르면 윤리, 도덕, 종교, 예술, 세계관뿐만 아니라 모든 규범들도 상대적으로 다르고 역사의 변화에 따라서 이들에 대한 우리의 지식도 상대적으로 변화한다. 인간의 모든 지식은 역사적으로 제약된 것이며 따라서 절대적이 아니고 상대적이다. 우리는 역사학을 통해서 우리의 시야를 넓혔고 많은 지식을 얻었지만 그러나 그 지식은 또한 절대적인 것이 아니고 상대적인 것이 되어 버렸다. 그런데 이러한 상대적인 지식은 행동을 결정하는 인격의 힘이 될 수가 없다. 나의 지식이 일정한 문화적인 전통과 특수한 역사적인 상황에 제약된 것이기 때문에 상대적인 것에 불과하다는 것을 알면 나는 그 지식을 토대로 담대하게 나의 행동을 결단할 수가 없게 된다. 그러한 상대적인 지식의 축적은 니이체(Nietzsche)가 이미 깨달은 바와 같이 우리에게서 행동할 수 있는 힘을 오히려 빼앗아버린다.

역사주의적인 경향 아래서는 우리의 지식들은 상대적이기 때문에 우리는 그 지식들을 통해서 절대적인 신념이나 확신에 이르지 못한다. 그러므로 그러한 지식을 많이 갖지 않은 사람이 비교적 단순하게 절대적인 신념에 도달할 수가 있고 따라서 대담하게 행동을 결단할 수가 있다. 이런 의미에서는 지식은 무력하고 오히려 무식이 힘이라고 할 수가 있다. 역사주의는 모든 역사적 지식들을 상대화했을 뿐만 아니라 또한 객관화했다. "원래 있었던 그대로의 사실"을 앞세우면서 역사주의는 역사적인 지식을 현재의 삶 속에서 살리지 못하고 현재의 삶과 분리시켜서 박물관 속에 쌓아 올렸다. 이러한 지식의 객관화를 위해서는 역사주의와 뒤에 언급할 과학주의가 공동선을 폈다. 현대지식인들이 행동에 주저하고 삶에 무력한 이유가 여기에 있다. 그래서 현대의 종교인들은 흔히 지식과 신앙을 구별하고 실존주의자들은 인격적인 결단을 지식과는 다른 차원에서 성취하려고 했다. 이것은 인격과 학문이 하나로 연결되어 있었던 서양 고대철학과 우리 동양 철학의 전통에서의 탈락을 의미한다.

둘째 단계로서 현대의 과학적인 지식의 가치중립을 믿는 경향이 지식과 행동을 분리시켰으며 학문과 인격을 분리시키는 데 결정적인 역할을 했다. 원초적으로는 참은 아름답고 착하고 거룩한 것이었다. 진리(眞理)와 미(美)와 선(善)과 성(聖)은 각각 별개의 것일 수가 없었다. 따라서 지식과 가치판단이 분리될 수가 없었다. 그러므로 지식과 행동, 그리고 학문과 인격이 밀접하게 연결되어 있었다. 그런데 그 동안 모든 아름다움과 착함과 거룩함에 대한 판단뿐만 아니라 모든 사회적인, 개인적인 이상과 문화적인 가치에 대한 판단은 주관적이고 당파적인 데 대해서 과학적인 지식은 객관적이고 보편적이라는 사상이 발전했다.

이러한 사상 배후에는 역사주의와 과학주의가 함께 뒷받침하고 있다. 우리가 아름답다고 느끼는 것, 착하다고 생각하는 것, 거룩하다고 믿는 것, 그리고 사회적인, 개인적인 이상과 문화적인 가치는 모두 역사적인 전통과 사회적인 상황과 개인적인 주관에 의해서 제약되는 것이기 때문에 절대적이 아니고 상대적이며 보편적이 아니고 개성적이라는 것이다. 이것이 역사주의의 주장이다. 이에 대해서 과학적인 지식은 그러한 역사적인 지식과는 달리 역사적인, 사회적인, 개인적인 제약을 초월한 절대적이고 보편적이고 객관적인 성격을 가졌다는 것이다. 이것이 과학주의의 주장이다. 그러므로 과학적인 지식이 그 절대성과 보편성과 객관성을 확보하기 위해서는 상대성과 개성과 주관성을 본질로 하는 가치판단과는 분리되어야 하겠다는 것이다. 이와 같이 과학적인 지식의 가치중립성에 대한 요청은 역사주의와 과학주의의 산물이다.

나는 뒤에 다시 과학적인 지식의 가치중립성을 자세히 살펴보겠지만 여기에서 확실히 말할 수 있는 것은 이러한 가치중립성의 요청이 지식과 행동, 그리고 과학과 인간 교육을 결정적으로 분리시키는 역할을 했다는 것이다. 인간의 인격이란 참과 아름다움과 착함과 거룩함에 대한 가치판단과 더불어 이룩되는 것이며 그러한 가치판단과 사회적인 개인적인 이상에 대한 지향을 떠나서 인간교육이 있을 수 없기 때문이다. 가치판단에서 분리된 과학적인 지식은 우리의 인격과 인간교육에서 분리된다.

지식과 행동, 그리고 과학과 인간교육은 이렇게 해서 역사주의와 과학주의를 통해서 서로 단절되었다. 그러므로 역사주의에 근거한 실존철학은 인간의 상대적인 지식과는 다른 차원에서 실존적인 결단의 절대성을 주장하고, 과학주의에 근거한 과학철학은 인간존재의 주체성에 대해서는 전연 관심하지 않고 객관적인 과학이론을 다룬다. 실존철학은 인간의 구체적인 지식이 배제된 빈 형식으로서의 실존을 다루고 과학철학은 인간 존재와는 무관한 추상적인 과학에 관한 이론을 다룬다. 이렇게 해서 현대 철학은 인간의 지식에 대한 철학적인 반성을 그 동안 거의 소홀히 했었다. 이에 대해서는 뒤에 다시 언급하려고 한다.

　지식과 행동 과학과 인간교육의 이러한 괴리는 곧 달리 표현하면 앎과 삶의 분리를 의미한다. 기술문명의 사회에 사는 현대인에게 있어서는 지식이나 학문은 생활의 하나의 방편에 지나지 않는다. 현대인은 지식을 기술로서 이용하려고만 하기 때문에 그러한 기술로서의 이용가치가 없는 지식은 소용이 없다. 이렇게 해서 현대인에게 있어서는 학문과 생활 곧 앎과 삶이 그 본질적인 관계를 상실해 버렸다. 그런데 이것은 하나의 철학적인 문제일 뿐만 아니라 교육적인 문제이며 또한 사회적인 문제이다. 만약 교육을 받고 지식을 가진 사람들이 바른 행동을 위한 결단의 힘을 상실하고 축적된 상대적인 지식들 앞에서 삶의 결단을 주저하고 반대로 충분한 지식을 갖지 못한 사람들이 그들의 일방적인 신념에 따라서 행동을 결단하고 삶의 방향을 이끌어간다면 이것은 심각한 사회적인 문제가 아닐 수 없다. 만약 교육받은 지식인들이 그들의 지식을 그들의 반성되지 아니한 삶의 목적을 위한 수단으로 사용하고 혹은 그들의 비윤리적인 행동을 정당화하는 방편으로 이용하기만 한다면 이것은 또한 중대한 교육적인 문제가 아닐 수 없다. 만약 법학의 지식이 기술적으로만 이용되는 것이라면 그것은 법적인 제재를 회피해서 어떠한 일이라도 할 수 있는 수단이 될 수 있다. 만약 지식과 행동을 전연 별개의 것으로 생각한다면 우리는 참으로 중대한 삶의 문제에 부딪치게 될 것이다.

지식과 행동, 학문과 인격의 이와 같은 분리 곧 앎과 삶의 분리
는 바람직하지 못하다. 그러나 역사적인 지식의 상대성과 과학적
인 지식의 가치중립성은 오늘날 거의 일반적으로 신봉되고 있다.
그런데 지식과 행동, 그리고 학문과 인격의 분리가 원초적인 의
미에서의 지식과 학문의 변질을 의미하는 것은 틀림없다. 그래서
나는 이런 앎과 삶의 분리 현상이 우리의 지식에 대한 불철저한
반성과 잘못된 이해에서 오는 것이 아닌가고 생각해 보는 것이
다. 그러므로 나는 여기에서 우리의 지식을 인간학적으로 연구해
보려고 한다. 지식은 역시 인간에 의한 인간을 위한 인간의 지식
이기 때문에 그것은 인간학적으로 분석되고 비판되고 반성되어야
할 것이다. 이런 의미에서 나의 이 연구는 다른 여러 가지 형태의
인식론과 구별된다. 그래서 나는 나의 이러한 시도를 인식론이라
고 이름하지 않는다. 나는 여기에서 어떻게 하면 우리가 정확한
지식을 얻을 수 있으며 우리의 지식의 한계가 어디에 있는가의
문제를 다루려는 것이 아니고 다만 우리의 지식에 대한 인간학적
인 반성을 통해서 앎과 삶의 본질적인 한계를 추구해 보려는 것
이다. 이것이 지식의 본질을 밝히는 길이라고 나는 믿기 때문이
다. 앎은 삶에서 나타난 삶의 하나의 표현이며 삶을 위해서 있고
늘 삶을 지향하고 있다. 앎과 삶의 이러한 본질적인 관계는 지식
과 행동, 그리고 학문과 인격, 과학과 인간교육이 서로 분리될 수
없는 하나의 사건의 양면이라는데 근거한다. 지식이 행동을 통해
서 풍부해지고 적극화하고 행동이 지식을 통해서 명확해지고 효
율화한다는 보충관계에 대한 이해 만으론 부족하다. 오히려 본질

적으론 지식도 일종의 행동이며 행동도 하나의 인식작용이다. 나는 여기에서 이러한 본질적인 관계를 지향하면서 우리의 지식을 인간학적으로 살펴보려고 한다. 우리의 이러한 작업을 위해서 우리는 먼저 "해석학"(Hermeneutik)에 의존하려고 한다. 왜냐하면 해석학은 앎의 현상을 언제나 인간의 삶과 인간실존의 표현으로 생각하기 때문이다. 물론 여기에서 말하는 해석학은 자연과학과 대립되는 인간과학의 방법론으로서의 해석학이 아니고 모든 종류의 지식을 포괄하는 인간의 앎의 현상을 다루는 해석학을 말한다.

2

인식론의 운명
고전적 인식론의 맹점 / 실존주의의 결단 / 과학철학의 논리

내가 여기에서 시도하는 과제는 철학적으로는 지금까지 인식론에 속하는 과제이다. 그런데 나는 이미 말한 바와 같이 "인식론"이라는 이름을 회피하려고 한다. 나의 의도가 종래의 인식론의 성격과는 합치되지 않기 때문이다. 인식론적인 연구는 실제로는 데카르트 (Descartes) 이후 근세철학의 중요한 과제였지만 "인식론" (Erkenntnislehre)이라는 이름은 19세기 말부터 나타난 것이며 20세기 초에 이르기까지 철학의 중심과목이었다. 철학이 만약 지식의 체계화 내지 지식의 비판을 의미하는 것이라면 그것은 인식론을 토대로 하지 아니할 수 없는 것이라고 생각되었기 때문이다. 그러나 그후 인식론은 철학자들의 관심에서 점점 멀어져 갔다. 인간은 인식을 위해서 존재하는 것이 아니고 살기 위해서 존재하는 것이라고 삶의 철학은 주장했다. 그러므로 철학이 인식론을 다루는 것은

잘못이라고 할 수 없지만 인식론만 다루는 것은 잘못이라고 생각되었다. 이것은 20세기 초에 신칸트학파가 주로 인식론만 다룬 데 대한 반발이었다. 인식론자들의 혈관 속에는 붉은 피가 흐르고 있는 것이 아니고 "이성"이라고 하는 맑은 물이 흐르고 있다고 반박하기도 했다. 그러나 인식론에 대한 이러한 반발은 인식론 그 자체를 매장하거나 소홀히 하는 것이라기보다는 인식론의 성격의 반성과 전환의 계기로 받아들여져야 한다. 그러나 그러한 반성과 전환은 이루어지지 않았다.

그후 대륙철학에서는 실존주의가 앞자리를 차지하고 영미철학에서는 논리적 실증주의가 지배하게 되자 인식론은 거의 완전히 모습을 감추어버렸다. 이미 말한 바와 같이 실존철학 배후에는 역사주의가 이를 밑받침하고 있다. 인간의 모든 지식과 세계관과 모든 규범은 역사적인 상황에 제약된 것으로서 상대적인 성격의 것이다. 이러한 상대적이고 가변적인 것을 초월한 실존의 형상만이 절대적이고 불변의 성격을 가졌다. 그러므로 실존철학에 있어서 중요한 것은 실존의 차원에 있어서의 단호한 결단과 "앙가주망"(Engagement)이다. 구체적인 행동의 내용과 이념과 방향이 문제가 아니고 다만 결단과 앙가주망이 중요하다. 실존적인 차원에 있어서의 이러한 결단과 앙가주망만이 절대적인 성격을 갖는다. 실존철학은 구체적인 행동의 내용과 규범을 다루지 않는다. 그것은 상대적인 지식의 문세이기 때문이다. 그런데 실존철학의 이러한 경향은 우리를 모험주의에로 유혹했다. 행동의 구체적인 내용을 비판하고 방향을 제시함이 없이 결단과 앙가주망을 호소했기 때문이다.

논리적 실증주의는 실증적인 논리학으로 인식론을 대치해 버렸다. 그것은 철두철미 과학주의에 근거하고 있기 때문에 과학적인 지식의 객관성을 위해서 모든 주관적인 요소들을 배제해 버린다. 그런데 이제 문제는 논리적 실증주의가 과학주의를 위해서 모든 주관적인 요소들과 더불어 인간자체를 배제한 채 과학적인 논리의 정확성이 논하여지는데 있다. 인간의 주체성의 배제는 그러한 정확성을 위한 보장이다. 과학주의와 객관주의가 맹목적으로 표방되고 인간 자체가 배제된 상황에서는 아무런 철학적인 반성도 발붙일 곳이 없어진다. 그래서 논리적 실증주의가 과학의 이름으로 본래적인 철학을 매장하려는 것도 무리가 아니다. 따라서 여기서는 철학이 없는 지식, 철학이 없는 기술이 문제될 뿐이다.

그런데 이제 실존철학의 풍토에서 철학하던 사람들도 논리적 실증주의의 그늘 아래 있던 사람들도 새로운 의미에서 그들의 입장을 반성하기 시작했다. 그리고 새로운 인식론의 과제에 대해서 관심을 갖기 시작했다. 최근의 철학적인 업적은 모두 이러한 방향을 지향하고 있다.[1] 우리는 이러한 최근의 철학적인 업적들을 참고해서 해석학적 지식론의 기반을 닦기 전에 종래의 인식론이 왜 성공적으로 발전해가지 못했는가를 살펴 보아야 하겠다. 종래의 인식론이 철학자들의 관심을 상실하게 된 데에는 다음과 같은 몇 가지 이유가 있다.[2]

첫째로 철학자들은 늘 날카로운 칼만 갈고 있는 것 같은 방법론

---

1) Bollnow의 *Philosophie der Erkenntnis*.
   Habermas의 *Erkenntnis und Interesse*.
   Albert의 *Traktat über die Kritische Vernunft*.
2) O. F. Bollnow : Philosophie der Erkenntnis, Stuttgart 1970, S. 9. 참조.

연구에 싫증을 느끼게 되었다. 인식론은 역시 정확한 지식을 얻는 방법론에 불과하다. 그러므로 이제는 칼만 갈고 있을 것이 아니고 그 칼로 한번 물건을 끊어보고 싶은 것이다. 그래서 현상학자들에 의해서 먼저 제창된 "사실 자체에로 돌아가자"라는 소리가 높아지게 되었다. 방법론이 아니고 철학의 대상으로서의 사실 자체를 다루어 보자는 것이다.

둘째로는 종래의 인식론은 그 출발점이 잘못된 것이라는 인상이 짙어져갔다. 종래의 인식론은 빠져나갈 수 없는 막다른 골목에 이르렀는데 그것은 출발점이 잘못되었기 때문이라는 것이다. 그래서 철학자들은 인식론적인 문제추구를 단념하고 인식론을 포기하게 되었다. 종래의 인식론의 출발점이 잘못되었다는 것은 종래의 인식론이 움직이지 않는 고정적인 기점(起點)[3]을 찾아서 그 기점 위에 인간의 인식을 일직선으로 건설하려는 태도 때문이라는 것이다. 데카르트 이후 인식론은 언제나 그러한 아르키메데스(Archimedes)의 기점을 찾았었다. 뒤에 다시 이 문제에 대해서 정확하게 살펴보겠지만 종래의 인식론은 그러한 움직이지 않는 절대적인 기점을 찾는 작업에서 이미 실패했다. 우리의 지식체계가 정확하고 빈틈이 없으려면 먼저 그 기점이 확고부동하고 그 확고부동한 기점 위에 우리의 지식체계는 필연적인 논리에 의해서 건설되어야 한다는 생각 때문에 그러한 아르키메데스의 기점을 찾았던 것이다.

셋째로는 인식이라는 것은 주위의 여러 가지 조건들의 영향을 받지 않는 상아탑이나 진공관 속에서 이루어지는 것이 아니라는 사실

---

3) Descartes의 Cogito ergo sum은 그러한 기점이다.

에 대한 자각이 종래의 인식론의 작업을 단념하게 만든 또 하나의 중요한 이유이다. 인식론은 백지 위에 기하학의 도식을 그리듯이 그렇게 이론을 전개해 갈 수는 없다는 것이다. 인식은 언제나 그 인간의 포괄적인 존재구조와 삶의 상황 속에서 이루어지는 것이며 따라서 구체적인 상황 속에 근거하고 있는 것이다. 인간은 상아탑이나 진공관 속에서 생각하고 경험하고 판단하는 것이 아니고 구체적인 삶의 상황 속에서 여러 가지 조건들에 제약되면서 생각하고 경험하고 판단하고 한다. 그러므로 철학자들 중에는 인식을 단순한 이성이나 의식의 노름으로 생각하지 아니하고 "특수한 상황 안에 있어서의 존재와 존재의 관계"로 이해하려는 움직임이 있었다.[4] 인식이란 백지와 같은 의식 위에 선험적인 이성의 법칙에 따라서 그려지는 그림과 같은 것이 아니고 특수한 존재조건을 가진 인식주체와 또한 일정한 존재조건을 가진 인식객체와의 연결을 의미한다는 것이다. 특히 심층심리학과 지식사회학 등의 발전은 종래와 같은 인식론을 무풍지대 속에 그대로 남겨두려고 하지 않는다.

  지금까지 말한 몇 가지 이유들 때문에 종래와 같은 형식의 인식론은 그 설 자리를 잃어버렸다. 그러나 이것은 인식론적인 문제가 무의미하며 그 추구가 헛수고라는 것을 의미하지는 않는다. 그와 반대로 오히려 지금 새로운 형식의 인식론이 절실하게 요청되고 있다. 특히 종래의 고전적인 인식론이 철학의 전방에서 물러난 후 철저히 가치중립성을 표방하는 과학주의사상과 철두철미 실존적인 차원에서의 단호한 결단만을 호소한 실존주의사상에 있어서의 합리적

―――――――――

4) Max Scheler와 Nicolai Hartmann은 Erkenntnis를 Seinsverhältnis로 해석했다.

인 사유와 결단 곧 지식과 행동의 괴리 때문에 괴로워한 현대 철학
은 새로운 비판적인 인식론의 문제를 다시 다루지 아니할 수 없게
되었다.[5] 그리고 여기에서 과학철학과 실존철학이 서로 만날 가능
성이 있다. 그러므로 새로운 인식론적인 문제제시는 앞으로의 철학
의 큰 과제라고 할 수 있다. 내가 여기에서 시도하는 해석학적 지식
론은 지금까지의 해석학과 철학적 인간학의 입장에서 이 새로운 인
식론의 문제를 다루어보려는 것이다.

---

5) H. Albert : *Traktat über die kritische Vernunft*는 분석철학의 계통에서 다시 새로운 인식
   론적인 연구를 시도한 것임.

3

기점의 모색

합리주의의 시도 / 경험주의의 시도 / 출발점은 없다

    우리가 인식론적인 문제를 새로운 방향에서 추구하고 앎과 삶의 관계를 그 본질적인 차원에서 성공적으로 전개해 나가기 위해서는 종래의 인식론의 잘못이 어디에 있었는지를 정확하게 파악하고 이를 극복해야 하겠다. 그것은 이미 철학의 관심에서 물러난 인식론적인 문제를 다시 철학의 무대에 등장시키는데 필요할 뿐만 아니라 오늘날의 앎과 삶의 분리현상이 바로 그 종래의 인식론의 과오에도 함께 책임이 있다고 믿어지기 때문이다. 우리는 종래의 인식론의 이러한 과오를 회피하고 앎의 현상을 그 원초적인 차원에서 다시 살펴보기 시작해야 하겠기 때문이다.

    이미 말한 바와 같이 종래의 인식론 곧 고전적인 인식론의 특징은 확실한 지식의 체계가 그 위에 세워질 확고부동한 기점을 설정하고 그 기점에서 필연적인 논리의 법칙을 따라 일직선으로 이론의 체계를 전개하려고 한데 있다. 이것은 우리의 지식체계에서 모든 불확실하고 모호한 것을 배제하기 위해서 불가피한 방법이라고 생각되었다. 이런 특징에 있어서는 근세철학의 두 가지 대립된 철학들이 완전히 같은 입장에 서 있었다. 곧 대륙의 합리주의와 영국의 경험주의가 모두 그 인식론의 전개에 있어서 확고부동한 출발점으로서의 아르키메데스의 기점을 찾았다. 모든 의심스러운 것을 배제하고 결정적으로 확실한 지식의 체계를 보장하기 위해서 그러한 확고부동한 기점에서 출발해야 된다는 것이다. 지식의 전당을 흔들리지 않는 반석 위에 세우려는 것이었다. 근세철학의 시조라고 하는 데카르트는 먼저 모든 것을 의심했다. 불확실한 것을 배제하기 위해서 의심할 수 없는 하나의 기점을 찾았다. 그것은 내가 의심하고 있다는 사실, 곧 생각하고 있다는 사실이었다. 이 확실한 사실을 데카르트가 처음으로 "아르키메데스의 기점"이라고 표현했다.

데카르트는 그의 명상록에서 다음과 같이 말한다. "나는 나의 어린 시절에 많은 부당한 것을 정당한 것처럼 믿어왔다는 것을 몇 년 전부터 깨달았다. 그리고 내가 알고 있었던 모든 지식이 얼마나 의심스러운 것인가를 느꼈다. 그러므로 나는 나의 삶에서 모든 것을 근본적으로 뒤집어버리고 새로운 기초 위에서 새출발을 할 수밖에 없었다. 나의 학문에 있어서 확실한 지식을 위한 흔들리지 않는 기반을 찾기 위해서 그러한 새출발이 불가피하다".[1] 그는 제2의 명상록에서 되풀이해서 확고한 기점을 찾기 위해 모든 불확실하고 의심스러운 것을 배제한다고 주장하고 "아르키메데스는 지구 전체를 움직이기 위해서 하나의 확실한 부동의 점을 요청했다. 나도 그와 같

---

1) R. Descartes. *Meditationen über die Grundlagen der Philosophie*, Hamburg 1959, S. 31.

이 확실하고 흔들리지 않는 점을 발견하면 그와 같이 큰 일을 할 수 있겠다"[2]고 말한다.

데카르트는 움직일 수 없는 확실한 하나의 기점을 발견하고 그 위에 계단적으로 그의 체계를 세우려고 했다. 이것이 바로 근세철학의 인식론이 언제나 찾으려고 노력한 아르키메데스의 기점이다. 먼저 확실한 반석을 찾고 그 위에 계단적으로 세우려는 것이다. 만약에 이러한 확고부동하고 의심할 여지가 없는 기점이 발견되기만 한다면 그보다 더 좋은 일은 없다. 여러 가지 불확실하고 의심스럽고 모호한 의견이나 환상들을 헤치고 확실한 지식의 체계를 추구하기 위해서는 다른 방법은 없을 것 같이 생각된다.

그러나 우리는 여기에서 비판적으로 반성해 보아야 하겠다. 참으로 그러한 확고부동한 기점을 찾을 수가 있는 것인지, 혹은 그러한 기점을 발견하지 못하면 우리의 모든 앎이 불확실한 것인지를 살펴보아야 하겠다. 데카르트가 찾았다고 하는 기점이라는 것이 바로 의식의 자명성이었다. 내가 아무리 모든 것을 의심할 수 있어도 내가 생각하고 있다는 사실은 의심할 수 없다. "나는 생각한다. 그러므로 나는 존재한다." 이것이 그의 출발점이었다. 그는 이것을 그의 철학의 첫 원리라고 선언했으며 이것이 그가 새로 찾은 아르키메데스의 기점이라고 했다.

그러나 오늘날 우리들은 인간의 의식(意識) 혹은 사유(思惟)가 자명한 절대적인 출발점이 될 수 없다는 것을 알고 있다. 실존주의자들은 이미 내가 생각하기 때문에 존재하는 것이 아니고 존재하기

---

2) 같은 책, 제2권 S. 41.

때문에 때때로 생각한다고 말한다. 실존이 먼저이고 사유는 이를 뒤따른다고 한다. 막스(Marx)는 인간의 존재현실이 인간의 의식을 결정한다고 선언한다. 우리는 여기에서 어느 한쪽의 주장이 옳다는 것을 말하려는 것이 아니고 다만 데카르트가 발견했다고 생각하는 그 확고부동한 기점이 그렇게 확고부동하고 의심할 여지가 없는 자명한 것은 아니라는 것을 말하고자 한다. 데카르트에 의하면 내가 존재한다는 것은 내가 생각하고 있다는 사실을 통해서 증명이 되지만 나 밖에 있는 외부세계가 존재한다는 것은 하나님의 존재에 대한 사변적인 증명을 통해서 간접적으로 증명된다는 것이다. 곧 창조주인 하나님이 존재하기 때문에 그의 피조물인 외부세계가 존재한다는 것이다. 이것은 데카르트가 말하는 명확한 기점과 그 위에 계단적으로 세워진다는 체계가 우리 현대인에게는 결코 명확하고 자명한 것이 아니라는 것을 표시하는 하나의 증거가 된다.

  과학들 중에서도 가장 엄밀한 과학이라고 할 수 있는 수학은 명확하고 자명한 전제 위에 엄밀하게 전개되는 학문이다. 우리는 이 명확하고 자명한 전제들을 공리(公理)라고 부른다. 그래서 유크릿드(Euklid)는 이러한 자명한 공리로부터 출발해서 객관적으로 전개된 기하학을 건설했다. 그러나 이미 비유크릿드의 기하학은 평행선의 공리를 다른 공리로 대치할 수 있게 되었다. 이것은 이미 수학에서 말하는 공리라는 것도 확고부동한 자명한 것이 아니라는 것을 의미한다. 그래서 현대의 수학은 이미 그의 출발점으로서의 전제들 곧 공리들이 가설적인 성격의 것이라는 것을 인정하게 되었다. 그 가설들은 따라서 그것들을 토대로 전개되는 이론들에 따라서 정당성이 증명될 수도 있다. 확고부동한 기점에서 일직선으로 계단적으로 전개되는 것이 아니고 여기 수학에 있어서도 이미 가설로부터 출발해서 이론을 전개하다가 전개된 이론에 따라서 다시 가설을 수정하는 순환적인 형태가 발견된다. 이것이 우리의 정확한 인식의 길이다.

그러므로 확고부동한 하나의 기점을 찾아서 거기에서 계단적으로 쌓아올려 가는 것이 아니라 순환적으로 왔다갔다하면서 우리의 지식을 점점 더 확실하게 하는 것이 인식의 길이다. 분명하다고 생각되는 하나의 원리를 시험적으로 전제하고 이 전제에 따라서 논리를 전개해 보고 그 결과에 따라서 다시 그 전제를 비판하고 수정하는 이러한 순환의 길이 우리가 정확한 지식을 얻는 길이다. 그러므로 그 전제라는 것도 결코 확고부동한 것이 아니고 불확실한 가설적인 성격의 것이다. 고전적인 인식론은 하나의 아르키메데스의 기점에서 직선적으로 지식을 쌓아올려 가려고 했지만 딜타이 이후 해석학은 이러한 우리의 인식의 순환적인 성격을 찾아냈었다.

근세철학의 다른 하나의 큰 조류를 이루고 있는 경험주의도 역시 인식의 확고부동한 기점을 찾았다. 경험주의는 그의 이름이 알려주는 바와 같이 "경험"을 모든 지식의 출발점이라고 주장한다. 그러나 "경험"이라는 것도 역시 매우 복잡하고 여러 가지로 해석할 수 있는 어려운 개념이다. 현대의 실용주의도 인간의 모든 지식을 결국은 경험에 근거한 것이라고 생각하지만 여기서는 경험이라는 것이 다른 의미로 이해되고 있다. 그러므로 우리가 만약 경험을 하나의 확고부동한 출발점으로 삼으려면 경험이라는 개념을 확실하게 정의해야 할 것이다. 근세 경험주의가 흔들리지 않는 인식의 출발점으로 삼으려는 것은 감성적인 지각이다. 인간이 그의 머리에 그리는 모든 표상들과 생각들은 결국 감각을 통해서 받아들인 인상들(Impressions)에 근거한 것이라고 경험주의는 주장한다. 감각을 통해서 받아들인 이러한 인상들이 있기 전에는 인간의 의식은 백지(tabula rasa)와 같은 것이라고 로크(Locke)는 말한다. 그러므로 나의 표상이 단순한 환상이나 속임이 아니고 정확한 것인가를 알려면 그것이 감각을 통해서 받아들여진 인상에 근거한 것인지 아닌지를 알아보면 된다는 것이다. 곧 감각을 통해서 받아들인 인상이 인식의 확고한 기점이라는 것이다.

그런데 감각을 통해서 받아들인 인상들이 그러한 아르키메데스의 기점의 노릇을 하기 위해서는 그것들이 경험의 원자와 같은 감각의 가장 확실한 최소의 단위로 되돌려질 수 있어야 한다. 감성적인 지각이 그것으로 말미암아 성립되는 단위적인 감각이 최종적인 기점이 되어야 한다는 것이다. 따라서 아르키메데스의 기점을 찾는 경험주의는 불가피하게 감각주의에로 돌아간다. 곧 경험주의는 인식을 위한 확고부동한 기점을 최소단위의 감각이라고 생각한다. 이러한 최소단위의 감각을 출발점으로 해서 우리의 지식이 그 위에 계단적으로 쌓아올려진다는 것이다. 이것이 경험주의의 인식론이었다.

그런데 이제 문제는 경험의 원자와 같은 그러한 최소단위의 감각이라는 것이 그렇게 확고부동하게 그리고 자명하게 존재하느냐는 것이다. 경험주의의 이와 같은 인식론은 과학적인 사유를 위해서는 당연한 것 같지만 그러나 경험의 원자로서의 최소단위의 감각을 기점으로 우리의 인식이 성립된다는 이론은 이미 경험과학인 형태심리학에 의해서 거부된다. 형태심리학에 의하면 경험의 원자로서의 최소단위의 감각들이 모여서 비로소 감성적인 지각이 성립되는 것이 아니고 먼저 전체적인 형태에 대한 지각이 앞서고 다음에 하나의 감각들이 인지된다는 것이다. 감성적인 지각에 있어서도 전체는 단순한 부분들의 집합이 아니고 그 이상의 것이라고 한다.[3] 전체는 원자와 같은 최소단위의 부분들에 의해서 성립되는 것이 아니라는 것이다. 다시 말하면 어떤 사물에 대한 전체적인 지각은 그 사물에 대한 하나하나의 감각이 모여서 성립되는 것이 아니라는 것이다. 감성적인 지각의 길은 최소단위의 원자로서의 감각에서 전체적인 지각에 이른다는 것이다. 이것은 어떤 철학적인 독단이 아니고 엄밀한 과학적인 실험의 성과로 나타난 사실이다.[4]

형태심리학의 이러한 발견은 경험주의 인식론의 기반을 뒤흔들어 버리는 것이 된다. 적어도 그것이 감각을 확고부동한 아르키메데스의 기점으로 생각하는 것을 불가능하게 만든 것이다. 개별적인 감각이 먼저 있고 그것을 기점으로 해서 인식이 성립된다는 생각은 이제 불가능하게 되었다는 것이다. 우리는 여기에서 실험실 냄새가 남아있는 형태심리학의 연구성과를 빌려오지 않더라도 우리가 일상생활에서 어떤 사물을 감성적으로 지각하는 과정을 살펴보면 경험주의 인식론의 이론이 맞지 않는다는 것을 곧 알 수 있게 된다. 내가 지금 내 앞에 있는 책상을 바라보면서 그것을 지각할 때 그 책상

---

3) Gestaltpsychologie의 Ganzheitspsychologie의 명제이다.
4) F. Sander, *Experimentelle Ergebnisse der Gestaltpsychologie*, Leipzig 1928.

의 부분들에 대한 감각을 모두 집합해서 책상을 알게 되는 것이 아니다. 내 앞에 있는 전체적인 형태를 "책상"이라는 기존개념으로서 파악하는 것이다. 부분들에 대한 감각은 전체적인 형태에 대한 지각에 의해서 영향을 받는다.

지금까지 살펴본 바와 같이 합리주의와 경험주의가 모두 그들의 인식론적인 작업에 있어서 확실하고 흔들리지 않는 기점을 찾았다. 그 기점에서 출발해서 직선적으로 쌓아올려야 그것이 확실한 지식의 체계가 된다고 믿었다. 그러나 합리주의와 경험주의는 모두 그러한 기점의 모색에서 성공하지 못했다. 이것은 하나의 확고부동한 기점에서 직선적으로 계단적으로 쌓아올리려는 인식론이 처음부터 실패할 운명에 놓여 있었다는 것을 의미한다. 우리의 지식에는 절대적인 출발점은 없다. 우리의 지식은 절대적인 백지에서 출발하는 것이 아니고 언제나 이미 알고 있는 것으로부터 출발해서 순환적으로 그것을 확인하고 보충하고 수정하곤 한다.

합리주의가 전제하는 아르키메데스의 기점으로서의 사유나 경험주의가 내세우는 순수한 출발점으로서의 감각을 통한 인상은 모두 현실적으로는 존재하지 않는 관념적인 가설에 불과하다. 절대적인 출발점은 없다. 하나의 절대적인 기점에서 직선적으로 계단적으로 전개하는 것이 불가능하다면 우리는 순환의 원리를 따를 수밖에 없다. 인간의 삶도 절대적인 출발점을 갖고 있지 않다. 인간의 인식의 과정이 그리고 지식의 습득이 그의 삶 안에서 하나의 현상이라면 그것도 절대적인 출발점을 가질 수가 없다. 우리는 여기에서 종래의 고전적인 인식론을 극복하고 새로운 지식론을 시도하려고 한다.

4

인간과 지식

동물과 인간 / 생물학적인 기원 / 생물학적인 제약

우리는 앎의 현상을 그 원초적인 차원에서 밝히기 위해서 먼저 인간은 어떤 생물학적인 조건 아래서 지식을 얻을 수 있었고 또한 지식을 필요로 하는가를 알아보려고 한다. 이러한 생물학적인 관찰은 우리의 문제를 생물학적인 차원으로 유도하려는 것이 아니고 기술 문명으로 인해서 왜곡된 지식관을 극복하고 지식과 행동, 그리고 학문과 인격 곧 앎과 삶의 관계를 다시 본원적인 모습으로 되찾는 작업을 위해서 유익한 전망을 보여주는 것이라고 생각된다.

인간은 다른 동물에 비하면 육체적인 모든 기관들과 기능들이 전문적으로 특수하게 그리고 강하게 발달하지 않았다고 한다.[1] 따라서 인간은 그 생물학적인 본능이 다른 동물들처럼 강하지 못하다. 그런데 바로 이러한 생물학적인 약점 때문에 인간은 자연에 대해서 일정한 거리를 두고 이에 반응할 수 있었으며 따라서 생각할 수 있

---

1) 이규호, 사람됨의 뜻, 서울 1967, "생물학적 특성" 참조.

는 여유를 갖게 되었고 지식을 얻고 문화를 창조하며 자연을 정복할 수 있게 된다. 만약 인간이 처음부터 다른 동물들과 같이 육체적인 기관들과 그 기능들이 일정한 자연환경에 꼭 들어맞고 일정한 자극들에 대해서 기계적으로 반응하는 본능이 강하다면 인간은 다만 자연의 기계적인 움직임에 따라서 움직이면 될 것이며 따라서 생각하는 능력도 더 많이 발전하지는 않았을 것이고 그렇게 많은 지식들을 필요로 하지도 않을 것이다. 물론 다른 동물들도 생각하는 능력이 있고 또한 제한된 지식을 가지고 있다. 동물의 생각하는 능력과 지식이 그들의 생명의 보존만을 지향하고 있다고 해도 이러한 차원에서는 인간의 그것과 근본적으로 다를 것이 없다. 다만 다른 동물은 그 육체적인 기관들과 기능들이 자연환경에 기계적으로 잘 들어맞게 강한 자연적인 본능을 갖고 있기 때문에 그 본능에 따라서 움직이기만 하면 생명을 보존할 수가 있다. 그래서 다른 동물들은 자연의 혜택으로만 살면서 생각하는 능력을 더 발전시키지 않았으며 더 많은 지식을 얻을 필요도 없었다. 그러나 인간은 그러한 강한 본능을 갖고 있지 않았기 때문에 스스로 생각하는 능력을 기르고 생명을 보존하기 위해서 많은 지식을 얻어야 했다.

그러므로 인간의 생물학적인 약점이 바로 인간의 인식을 위한 전제였으며 또한 자연을 정복할 수 있는 전제였으며 그리고 또한 인간 자신이 자연을 넘어서 생물학적인 차원을 초월할 수 있는 전제였다고 할 수 있다. 인간의 앎의 현상을 생물학적으로 관찰하면 인간의 모든 사유와 인식은 역시 일차적으로는 그 자연적인 생명의 보존과 종족의 번식을 지향하고 있다. 인간은 역시 육체적으로는 전적으로, 정신적으로도 또한 자연의 피조물이며 따라서 늘 자연적인 생명의 보존과 종족의 번식을 지향한다. 따라서 인간의 본능은 대체로 언제나 그러한 생물학적인 목적달성의 수단으로 존재하는 것이다. 이러한 생물학적인 지향성을 극복하기 위해서는 적어도 큰 정신적인 힘과 노력이 필요하다. 인간의 정신적인 능력의 대부분도 역시 그러한 "실용적인 목적"을 지향하고 있고 따라서 자연적인 생명보존과 종족번식에 이바지하고 있다. 그리고 인간의 이러한 실용적인 목적을 지향한 작업이 이 지구의 모습을 본질적으로 변화시켰다. 그러나 이러한 작업도 역시 자연법칙에 순종하는 것이며 따라서 그 질적인 양적인 차이에도 불구하고 근본적으로는 생명보존과 종족번식을 지향하는 것이라는 의미에서 다른 동물의 그것과 다를 것이 없다. 생물학적이고 자연적이고 본능적인 것 그것이 인간의 모든 움직임과 그의 삶의 기반이다. 물론 인간은 이 기반에만 머물러 있지 않고 그것을 초월할 수 있다.[2] 인간은 그러므로 정신적으론 동시에 두 세계의 시민이다. 그는 자연의 피조물로서 다른 동물들과 함께 생물학적인 법칙에 의존한다. 그러나 그는 예지의 세계의 시민으로서 이 생물학적인 법칙을 초월할 수 있다. 따라서 인간의 지식은 자연적인 생명보존과 종족번식의 수단으로서 합목적적이고 실용적이기는 하지만 또한 이를 초월해서 예지의 세계를 지향할 수도 있다. 인간의 지식의 이러한 두 가지 서로 다른 동기들의 얽힘이 바로 지식의 다양성과 해석의 여러 가지 차이를 가져온다. 그러므

---

2) D. Katz : *Animals and man*, 1937 : Man can, of his own free will, escape from tyranny of vital needs, man is continually leaving the purely biological sphere behind.

로 우리가 인간의 앎의 현상을 바로 분석하기 위해서는 이러한 이중적인 성격을 생각에 두어야 할 것이다.

니이체는 누구보다도 인간의 지식의 생물학적인 제한성을 강조한 사람이다. 인간의 지식이 생명의 보존을 넘어서 그보다 다른 그 무엇을 지향한다는 것은 생각할 수 없는 일이라고 한다. 인간의 감각과 신경과 두뇌는 모두 생명보존의 난관과 비례해서 발달한다는 것이다. 그리고 우리의 실용적인 요청들이 우리의 감각기관들에 영향해서 언제나 반복해서 같은 현상을 파악하게 하고 이를 통해서 그 현상이 현실의 모습을 갖게 한다고 니이체는 주장하고 있다.[3] 그러나 니이체는 이러한 그의 주장을 증명하지는 않았다. 그는 제대로의 인식론을 전개하려고 하지 않았기 때문이다. 그러나 만약 니이체의 주장과 같이 인간의 지식이 그의 생명의 보존 이상의 것을 지향하지 않는다면 철학은 무엇을 하는 것이며, 그러한 성격의 지식으로 오늘의 과학이 발전할 수 있었겠는가를 생각해 보아야 한다.

실증주의자들 중에도 인간의 지식의 생물학적인 제약성을 주장하는 사람들이 많다. 그들은 과학의 과제도 생물학적으로 해석해서 과학은 인간에게 가능한 한 완전한 삶의 "오리엔테이션"을 주기 위한 것이라고 한다. 이와 다른 과학의 이념은 모두 비현실적이며 아무런 의미도 없다고 한다. 분업과 전문화는 생명의 보존을 위한 무거운 짐을 덜어주는 것이며 따라서 지식만을 위한 지식을 다루는 것이 하나의 특수한 분업으로서의 직업이 될 수도 있다는 것이다.

---

3) F. Nietzsche, *Der Wille zur Macht* 참조.
4) E. Mach, *Analyse der Empfindungen*, 1906.
   Erkenntnis und Irrtum, 1917, 참조.

그러나 모든 지식은 언제나 우리의 생물학적인 요구를 직접 혹은 간접으로 충족시키는 것이라고 막하(Mach)는 주장한다.[4] 지식은 우리의 힘과 직접적인 체험을 절약하기 위해서 필요한 것이며 그 외의 다른 목적을 갖지 않았다고 생각되고 있다. 파이힝거(Vaihinger)도 논리적인 사유의 첫 목적은 지식을 위한 지식이 아니고 행동이라고 주장한다. 사유는 힘을 절약하는 기계와 같은 것이라는 것이다. 영국의 철학자들 사이에서도 지식에 대한 이러한 생물학적인 해석이 많이 발견된다. 럿셀(Russell)도 지식이라는 것이 언제나 필요할 때 실용적인 가치를 발휘하기 때문에 일반적으로 지식 그 자체를 추구하는 경향이 우리에게 나타나게 되었다고 말한다. 그리고 모든 과학적인 이론과 업적도 모두 생물학적인 제약 아래서 이루어진 것이라고 주장되기까지 한다. 곧 생명보존과 종족번식이라는 생물학적인 본능이 모든 과학적인 업적을 제약한다는 것이다.[5] 실용주의자들은 삶을 위해서 유용한 지식만이 진리라고 주장한다. 듀이(Dewey)는 지식을 인간의 생존경쟁을 위한 수단 내지 무기로 생각한다.

인간의 앎의 현상을 생물학적으로 관찰하는 사람들의 주장들을 요약하면 다음과 같다. 인간의 모든 지식과 과학은 하나의 목적을 가졌는데 그 목적은 곧 자연적인 생명의 보존과 종족의 번식이라는 생물학적인 성격의 것이다. 따라서 인간의 사유와 다른 동물의 지능은 질적으로 구별되는 것은 아니다. 지식은 언제나 다만 생존을

---

5) W. H. George, *The scientist in action*, 1936.
   "Whatever else scientific products may be, nothing is more certain than that they are biological products."

위한 수단이다. 물론 인간의 지식은 매우 유능한 수단으로 발전할 수 있었기 때문에 큰 효능과 성과를 가능하게 했다. 생물학적인 관찰에 의하면 지식의 의미는 여기에서 끝난다. 인간의 지식이나 과학이라는 것이 그 이상의 것이 될 수는 없다. 그러한 생물학적인 목적을 위한 유용성이 진리의 척도이다. 따라서 진리도 그 자체 안에 척도가 있는 것이 아니기 때문에 상대적이다. 절대적인 진리는 없다. 그리고 그러한 생물학적인 목적에서 괴리된 지식이 있다고 해도 그것은 원초적인 모습에서 변질된 것이며 본질적인 성격에서 탈락된 병적인 것이라고 생물학적인 관찰은 생각한다. 그런데 여기에서 그러한 변질된 지식 곧 생명보존과 종족번식이라는 생물학적인 목적에서 괴리된 지식이 있다는 것을 인정하는 것만 해도 지식에 대한 생물학적인 관찰에는 한계가 있다는 것을 의미한다.

인간의 모든 지식이 다만 인간의 자기보존과 종족번식을 지향하는 실용적인 것이라는 주장을 반대하기 위해서 인간에게는 여러 가지 본능들 중에 지식 자체를 추구하는 본능이 따로 있다는 것을 주장할 수도 있다. 그러나 지식추구의 본능도 그것이 생물학적인 본능인 이상 역시 다만 인간의 생존을 위해서 봉사하는 것이라고 볼 수밖에 없다. 그렇다면 그러한 본능에 의해서 추구된 지식도 생물학적인 목적에서 해방된 것이라고 할 수는 없다. 만약 인간에게 생물학적인 목적에서 해방된 객관적인 지식을 추구하는 특수한 본능이 주어져 있다고 가정한다면 인간은 자연으로부터 다만 약한 본능을 선사받았는데, 이 지식을 추구하는 본능만이 어찌 그렇게도 홀로 강한 것인가 라는 물음에 대해서 답변할 길이 없다. 인간의 지식을 본능과 관련시켜서 생물학적으로 관찰하는 한 역시 모든 지식은 생존을 위한 수단에 지나지 않는다고 해석될 수밖에 없다.

물론 일반적인 사람들이 갖고 있는 대부분의 지식은 생존을 위한 실용적인 목적에 봉사한다. 인간은 하나의 생물로서 자기 자신을 보존하고 아이들을 기른다는 불가피한 본능을 가지고 있다. 그의 모든 능력과 경험과 지식을 이 목적을 위해서 동원하는 것이 사실이다. 그리고 많은 추상적인 과학들도 역시 개인이나 사회의 실용적인 동기에서 나타나서 발전된 것이 많다. 그것들이 추상적이고 객관적인 이론을 추구하는 것 같이 보이는 것은 특수한 전문화의 결과이거나 혹은 이론 전개에 있어서의 기술적인 요청의 결과일 것이다.

그러나 인간에게는 이러한 자기보존과 종족번식이라는 생물학적인 목적에 전연 의존하지 않는 순수한 객관적인 지식을 추구하려는 의욕이 있고 또한 그러한 능력이 있다. 그것이 자연으로부터 인간에게만 주어진 일종의 본능인지 혹은 문화적인 전통에서 얻어진 산물인지는 뒤에 다시 생각해 보기로 하겠지만 그러한 자기보존과 종족번식이라도 본능에 의해서 조종되지 않고 순수한 객관적인 진리를 추구하려는 의욕과 능력이 있다는 것은 사실이 증명하고 있다. 짐멜(G. Simmel)에 의하면 인간의 지식은 원래 생존을 위한 수단이었으며 생존경쟁을 위한 도구였지만 학문적인 지식은 이미 그러한 실용적인 목적에 좌우되는 것이 아니고 지식을 위한 지식, 진리를 위한 진리를 추구하는 것이다.[6] 막스 셀러(Max Scheler)에 의하면 동물이 인지하는 모든 것은 그가 생존하는 환경구조 안에 있는 것이지만 인간의 정신은 그의 자연적인 조건에서 해방된 자유를 본질로 한다. 그러므로 인간은 나의 생존의 문제와는 분리된 객관적인 진리를 추구할 수 있다. 막스 셸러에 의하면 인간의 지식의 본질은 실용적인 목적이나 자연적인 생존의 조건에 의존하지 않는 "사실성"에 있다고 한다. 인간의 과학의 위대성은 인간이 그것을 통해서 자기의 생리적인 기관에 의존하지 않는 세계상을 그리는데 있다는 것이다. 인간만이 자기 자신을 초월할 수 있고 인간만이 생물학적인 요청을 원칙적으로 거부할 수 있다. 인간은 자연적인 본능을 정신적인 힘으로 승화시킬 수 있다.[7] 그러므로 생물학적인 목적에서 해방된 순수한 객관적인 지식을 추구하는 의욕은 여기서는 자연적인 본능이 승화되어 나타난 정신의 힘이라는 것이다. 여기에서 "정신"이라는 것은 자연적으로 주어져 있는 능력이 아니고 문화적으로 이룩된 산물이다. 그러므로 인간이 자기보존과 종족번식이라는 생물학적인 목적에서 해방되고 생존의 조건에서 독립된 순수한 객관적인 지식을 추구한다는 것은 자연적인 사실은 아니고 문화적인 전통에 의한 소산 내지 요청이라고 할 수 있다.[8] 따라서 인간의 지식은 아무도 의심하지 못할 만치 명백하게 생물학적인 목적에 연결되어 있고 또한 인간의 생존조건들에 제약된 것이지만 그것을 기반으로 해서 늘 그러한 구속과 제약을 초월해서 늘 순수하고 사

---

6) G. Simmel, : *Grundfragen der Soziologie*, 1917.

7) M. Scheler, : *Die Stellung des Menschen im Kosmos*, 1928.

8) R. Muller Freienfels는 "Der reine Wissensdrang ist Umformung-Sublimierung wesentlich anderer natürlicher Antriebe, und zumal in seiner wissenschaftlichen Gestalt ein Kulturprodukt, nicht eine Naturtatsache" 라고 한다.

실적이고 객관적인 성격을 지향하려는 일면이 있다는 것이다. 우리가 인간의 지식의 이러한 성격을 확실히 해두지 않으면 앞으로 우리가 다루어야 할 여러 가지 문제들에 대한 전망이 어두워질 수 있다.

우리가 지금까지 살펴본 바에 의하면 인간의 지식에는 두 가지 종류가 있는 것처럼 생각될 수 있다. 곧 자기보존과 종족번식이라는 생물학적인 목적과 연결된 실용적인 지식과 그러한 목적과 인간의 생존조건에서 해방된 순수하고 사실적이고 객관적인 지식을 말한다. 그러나 실제적으로는 이러한 구별은 두 개의 이상형으로서만 가능하고 하나하나의 학문이나 지식들을 그렇게 구별해 놓기는 어렵다. 인간의 모든 인식기능과 표현을 위한 수단들이 그의 생물학적인 사회적인 생존조건들과 밀접하게 연결되어 있다. 그러므로 모든 이러한 조건들에서 "완전히" 해방된 순수한 객관적인 지식이 존재하는지는 큰 문제이다. 그리고 그러한 순수한 객관적인 지식을 추구하는 인간의 의지와 능력이 자연적으로 주어져 있는 속성이나 기능이 아니고 문화적인 산물이라면 그러한 순수하고 객관적인 지식도 문화의 전통 안에서의 우리의 삶 혹은 교육을 떠나서 있을 수 없다. 다시 말하면 인간의 자기보존과 종족번식이라는 생물학적 목적을 초월하고 그의 생존조건에 제약되지 않는 순수하고 사실적이고 객관적인 지식의 추구도 구체적인 문화의 전통 안에서의 삶의 특수한 하나의 형태로 생각되어야 한다는 것이다. 그러한 순수한 객관적인 지식을 지향하는 우리의 의지는 특수한 문화적인 전통의 요청에 의해서 자라난 것이기 때문이다.

그러므로 과학이라는 이름 밑에 축적하려고 하는 모든 지식이 인간의 모든 생존조건에 의해서 제약되지 않는 순수하고 사실적이고 객관적인 것이라고 생각하는 것은 잘못이다. 그러한 순수성과 사실성과 객관성은 특수한 문화적인 전통 안에서 인간정신이 지향하는 이상이며 또한 인간정신의 의욕이다. 인간의 모든 지식은 생물학적인 목적과 연결되어 있고 인간의 생존조건에 의해서 제약되고 있고 역사적이고 사회적인 요소들 – 예를 들면 언어 – 과 관련되어 있다. 그러면서도 정신적인 존재로서의 인간은 또한 순수하고 사실적이고 객관적인 지식을 추구한다. 따라서 우리는 인간의 지식의 합목적성, 제약성, 관련성을 사실로서 인정하면서 그 순수성과 사실성과 객관성을 특수한 요청으로서 받아들여야 할 줄 안다. 그리고 이러한 이상과 요청도 우리의 삶의 세계의 완전한 초월을 전제하는 것은 아니고 오히려 일정한 문화적인 전통 안에서 잉태되고 자라나고 늘 지향되고 다시 시도되는 성격의 것이다. 그러므로 인간의 어떠한 지식도 우리의 역사적이고 사회적인 삶의 영역을 떠나서 있는 것은 아니다.

5

앎의 순환성
해석학의 의의 / 순환적인 지식론 / 인간학적 지식론

우리가 지금까지 살펴본 바와 같이 만약 하나의 명확하고 흔들리지 않는 아르키메데스의 기점으로부터 출발해서 필연적인 논리의 법칙을 따라 계단적으로 전개하는 직선적인 인식론이 불가능한 것이라면 우리는 앎의 현상을 어떻게 추구하고 어떻게 해석할 것인가. 확실한 지식의 체계를 세우기 위해서 우리의 인식을 그렇게 직선적으로 전개하는 것이 불가능하다면 남은 길은 다만 "순환적인 전개"뿐이다. 확고부동한 기점이라는 것이 존재하지 않는다면 우리는 가설적인 전제로부터 출발할 수밖에 없다. 그러므로 그 가설적인 전제에서 논리를 전개하여 결론을 얻고 그 결론의 정당성 여부에 따라서 다시 그 전제를 증명 혹은 수정 또는 폐기하고 거기에서 다시 인식을 전개해 나가야 한다. 나는 이러한 형태를 "앎의 순환성"이라고 이름짓는다. 우리가 여러 가지 과학들의 발전을 살펴보더라도 결코 절대적으로 타당하고 영구불변의 기점에서 계단적으로 발전해 간 과학은 없으며 가장 엄밀한 과학인 수학이나 물리학도 역시 그 출발점으로서의 공리(公理)나 법칙을 다시 수정하고 거기에서 새로운 결론을 끌어내고 한다. 비유크릿드의 기하학, 수학의 집합론, 물리학의 불확정관계설, 그리고 인과율의 동요 이수학과 물리학이 종래의 가설적인 출발점을 수정하지 않을 수 없게 되었다는 것을 증명하는 것이다.

그리고 물리학은 이미 상대성 원리 이후 우주체계(Weltsystem) 외부에 어떤 확고한 기점을 시간적으로나 공간적으로 설정한다는 것이 불가능하다는 것을 깨달았다. 그와 마찬가지로 우리의 인식도 처음부터 우리의 삶의 세계의 관련 체계 안에 얽혀 있는 것이어서 그 삶의 세계의 관련 체계 외부에 있는 어떤 확고한 기점을 찾는다는 것은 불가능한 일이다. 우리는 백지 위에 설정된 하나의 기점에서 우리의 앎을 건설해 가는 것이 아니고 처음부터 미리 존재한 삶의 세계에 대한 이해로부터 출발한다. 그것이 모호하고 불확실할 수는 있다. 그러나 우리는 그러한 이해를 깨끗이 쓸어버리고 흠 없는 백지 위에 확고한 기점을 설정하고 거기에서 출발할 수는 없다. 우리에겐 언제나 그리고 불가피하게 그러한 우리의 삶의 세계에 대한 이해가 주어져 있다. 그리고 이러한 이해가 우리의 앎을 위해서 가설적인 전제 노릇을 한다는 것이다. 우리는 정확한 지식을 추구하는데 있어서 아무것도 모르는 백지에서 출발하지 않고 늘 우리가 그 속에 살고 있는 삶의 세계에 대한 이해로부터 출발한다. 이것을 해석학(Hermeneutik)에서는 전이해(Vorverständnis)라고 한다. 이 전이해에서 우리의 앎은 전개되고 그리고 그 전이해는 다시 비판된다.

그런데 우리는 다음과 같은 의문을 제기할 수 있다. 만약 우리가 깨끗한 백지 위에 확고한 기점을 설정하고 거기에서 출발하지 아니하고 모호하고 불확실하고 의심스러운 우리의 일상적인 삶의 세계 안에서의 이해로부터 출발해야 한다면 우리의 지식은 그 모호한 안개 속에서 빠져나올 길을 찾지 못할 것이 아니냐는 것이다. 우리는 우리의 지식을 그 모호하고 불확실하고 의심스러운 안개 속에 내버려두어도 좋다는 말이냐는 의문이 생길 수 있다. 그러나 아니다. 앎의 순환성은 우리가 그러한 모호하고 불확실하고 의심스러운 안개 속에 우리의 지식을 내버려두자는 것이 아니다. 우리는 먼저 우리의 세계와 삶 안에서 전승된 이해들 속에 들어가서 그 속에서 우리의 하나 하나의 지식을 늘 다시 밝히고 비판적으로 검토함으로써 우리의 지식을 점점 더 확실하게 하자는 것이다. 훔볼트 (Humboldt)는 역사가의 작업에 대해서 다음과 같이 말한 일이 있다. "역사가가 이해할 수 있기 위해서는 이미 이해하고 있어야 한다."[1] 이미 이해하고 있는 것이라야 그것을 다시 분석 검토해서 거기에서 새로운 이해를 얻어낼 수 있다는 것이다. 이것은 역사가의 작업에 대해서 뿐만 아니라 인간의 인식작업 전체에 해당하는 말이다. 내가 확실히 알려고 하는 모든 것은 이미 내가 희미하게라도 이해하고 있었던 것이다. 인간의 앎은 근본적으로 아무것도 없는 데서 쌓아올리는 것이 아니고 지금까지 불확실하게 느끼고 있었고 모호하게 이해하고 있었던 것을 확실하게 하고 수정하고 비판하는 것

---

1) W. V. Humboldt, *Gesammelten Schrifte*, 4 Bd, S. 48.

이다. 나는 나의 철학강의에서 늘 그것을 경험한다. 이미 스스로 느끼고 있고 스스로 이해하고 있는 학생만이 나의 강의를 참으로 이해한다. 따라서 우리의 앎은 근본적으로는 직선적인 건설구조가 아니고 늘 순환적인 수정 구조이다.

인간의 지식은 적어도 실제적으로는 일직선적으로 발전해 가는 길을 통해서 원자와 같은 부분들이 모여서 전체를 이룩하는 것은 아니다. 처음에 모호하게 주어져 있는 전체로부터 출발해서 하나하나의 지식을 더 확실하게 다져가는 것이다. 따라서 그것은 필연적으로 순환적인 길을 밟는다. 여기에 종래의 고전적인 인식론들이 늘 난관에 부딪칠 이유가 있다. 이러한 순환성을 무시하면 어떠한 인식론도 다만 관념적인 구상에 그칠 수밖에 없다. 그런데 이미 말한 바와 같이 처음에 정신과학들의 방법론으로 전개되었던 해석학은 인간의 앎의 이러한 순환성을 깨닫고 있었다. 그런데 지금까지는 이 해석학은 정신과학이라고 하는 특수한 영역들 곧 철학, 신학, 역사학, 언어학 등에만 부분적으로 적용할 수 있는 그리고 또한 엄밀성을 보장할 수 없는 방법론으로 받아들여지기도 했다. 그러나 이제 우리는 해석학이 발견한 인간의 앎의 현상의 순환성을 인간의 지식산업 전체에 해당시키려고 한다. 하나의 특수한 좁은 영역에서 발견된 모델을 따라서 오늘날의 과학의 새로운 요청에 대응할 수 있는 지식론을 전개해 보자는 것이다. 지금까지는 인간의 앎의 순환성은 하나의 특수한 문제였지만 이제는 이것은 지식론의 기본문제이다.

이른바 "정신과학들"을 자연과학에서 구별하고 그 정신과학들을 위해서 전개된 방법론을 해석학이라고 불렀다. 나는 일찍 이것을 우리나라 철학계에 소개한 바 있다.[2] 그런데 이렇게 특수한 방법론으로 전개되었던 해석학이 딜타이에게 있어선 포괄적인 "이해론"으로 발전하여 인간의 삶의 현상의 중심문제로 진출하게 되었다. 하이데거는 딜타이의 이러한 이해론을 이어받아 그의 실존의 해석학에서 "이해"를 하나의 인식의 문제로 보지 않고 실존의 기본구조라고 생각했다. 이해는 이 세상 안에 존재하는 인간 실존의 기본 구조라는 것이다. 이해 없이는 인간이 이 세계에 편합되어 존재할 수가 없다. 여기서는 이해의 개념이 단순한 인식론적인 개념이 아니고 이미 존재론적인 개념이다. 우리의 앎은 단순한 지성이나 의식만의 문제가 아니고 우리의 존재의 문제이다. 우리는 하이데거의 해석학을 뒤에 곧 다시 자세히 살펴볼 것이다. 그런데 하이데거를 통해서 이해의 순환성이 인간존재의 순환구조 속에 근거한 것이라는 것이 밝혀졌다.

그런데 이러한 해석학이 인식론의 중심문제로 지금까지 받아들여지지 아니한 데에는 이유가 있었다. 해석학은 처음부터 인간의 앎을 자율적이고 순수한 이성의 영역 안에만 속하는 것으로 생각하지 않았다. 다른 요소들의 영향을 받지 않는 그리고 감정이나 의지에 의해서 흐려질 수 없는 순수한 이성의 영역에 만족하는 것이라고 생각하지 않았다는 것이다. 근세 철학이 전제했던 그러한 자율적이고 순수한 이성은 있을 수 없기 때문이다. 그러므로 해석학은 앎을 단순히 머리에 속하는 일이라고 생각하지 않고 인간의 포괄적인 삶

---

2) 이규호 : 現代哲學의 理解, 서울, 1964 참조.

에 근거한 것이라는 것을 전제하고 있었다. 그러므로 우리가 해석학을 우리의 새로운 시도를 위해서 받아들이고 앎의 순환성을 인정한다면 인간의 앎의 현상을 포괄적인 삶에 근거해서 분석하고 이것을 기반으로 해서 지식론을 전개해야 할 것이다.

　이것은 이미 삶의 철학의 원리였다. 인간의 윤리, 예술, 종교, 그리고 모든 지식은 삶의 포괄성 안에서 나타나고 자라난 것이고 또한 그 삶을 위해서 있는 것이라는 전제 아래 지식의 삶을 위한 기능을 문제삼은 것이 삶의 철학이었다. 그러나 삶의 철학은 이미 현대철학의 무대에서 물러났기 때문에 박물관에서만 구경할 수 있는 낡은 것 같은 인상을 줄는지 모르지만 현대의 철학적 인간학도 삶의 철학과 같은 원리를 따른다. 우리의 이 해석학적 지식론도 철학적 인간학과 밀접한 관계를 갖고 있다. 인간의 앎의 본질과 그 가능성을 인간학적인 전제들 곧 심리학, 병리학, 인류학, 사회학, 종교학, 역사학 등이 그 동안 발견해낸 인간에 관한 모든 지식들을 인간의 앎의 본질을 밝히는데 끌어들여야 한다는 것이다. 물론 이 작업을 구체적으로 전개하는 데는 많은 시간과 노력을 필요로 할 것이다. 그리고 그것은 그렇게 단순한 작업은 아닐 것이고 여러 가지 복잡한 난관을 거쳐야 할 것이며 거기에서 여러 가지 인식의 형식들 그 중에 현대과학적인 인식의 형식도 유도되어 나올 것이다. 그러므로 우리가 여기에서 시도하는 해석학적 지식론은 달리 말하면 인간학적 지식론이라 할 수도 있다. 그것은 인간의 앎을 전체적인 인간존재와 연결시키고 인간학적인 모든 연구성과들을 동원해서 인간의 앎의 본질을 밝히는데 끌어들이기 때문이다.

그러면 이러한 인간학적 지식론의 의의 내지 목적은 무엇인가. 확실한 인식을 위해서 길을 닦는 것이 고전적인 인식론의 목적이었다면 이것은 인간학적 지식론의 목적은 아니다. 과학적인 인식의 논리를 전개하는 것이 분석철학의 목적이라면 이것도 인간학적 지식론의 목적은 아니다. 정확한 사유의 기술을 익히는 것 그것이 논리학의 목적이라면 이것도 여기에서 시도되는 인간학적 지식론의 목적은 아니다. 고전적인 인식론을 읽고 확실하게 인식할 수 있게 되었다는 사람은 없으며 과학자들이 분석철학에 의존해서 과학적인 연구를 전개해 가는 일은 없다. 논리학의 규칙에 의존해서 비로소 정확하게 사유하게 된 사람도 거의 없다. 여기 내가 추구해 보려는 인간학적 지식론은 지식을 얻는 방법을 가르치려는 기술학이 아니고 인간의 지식의 본질과 그 가능성, 앎의 현상을 삶과의 관련 아래서 분석함으로써 밝혀내자는 것이다. 만약에 인간의 지식의 본질이 앎의 순환성을 통해서 밝혀지면 지식을 추구하는 태도와 방법, 학문을 하고 교육을 하는 태도의 문제가 뒤따라서 새로운 빛 아래서 드러나게 될 것이다.

한 마디로 요약하면 앎의 순환성으로 인해서 종래의 고전적인 인식론과는 전연 다른 새로운 연구의 전망이 우리 앞에 열려진다. 이 새로운 전망을 우리는 우선 조심스럽게 더듬어 보자는 것이다.

6

앎의 기반 삶

앎의 기반으로서의 삶 / 딜타이의 삶의 관련 / 훗셀의 삶의 세계

우리는 각각 자기나름으로 하나의 세계 안에 살고 있다. 세계 안에 살고 있는 것은 그 세계를 이해하고 있다는 것이다. 우리가 이해하고 있는 삶의 세계가 넓을 수도 있고 좁을 수도 있다. 그리고 그 이해가 모호할 수도 있고 명확할 수도 있다. 그러나 그러한 "이해"가 이미 주어져 있다는 것은 부인할 수 없다. 우리의 삶과 더불어 그러한 이해도 필연적으로 주어져 있다. 그러므로 살고 있는 사람은 아무도 백지에로 되돌아 갈 수는 없다. 이러한 사실을 가장 예리하게 표현한 사람이 하이데거인데 그는 실존(Dasein)한다는 것은 곧 이해(Verstehen)한다는 것이라고 했다. "現在性은 實存的인 構造들 중의 하나의 構造인데 그 構造들 속에 實存이 存立한다. 그런데 이 現在性과 同本源的으로 이 存在는 理解를 構成한다".[1] 인간이 이 세계 안에 현존한다는 사실과 이해한다는 사실은 어느 쪽이

---

1) M. Heidegger : *Sein und Zeit*, Tübingen, 1927, S. 147.

먼저이고 어느 쪽이 뒤따르는 것이 아니다. 동본원적이라는 것이다. 곧 이해하는 것이 인간의 존재와 더불어 본원적으로 주어져 있다는 것이다. 종래의 고전적인 인식론의 인식과정의 첫 단계로서 앞세웠던 감정적인 지각이나 순수한 사유도 사실은 이 본원적인 이해로부터 유도된 특수한 기능들이다.

위에서 하이데거가 말한 현존성(Befindlichkeit)이라는 것은 앎의 주체인 인간은 결코 빈 공간에 떠 있는 존재가 아니고 하나의 삶의 세계, 하나의 특수한 상황 속에서 하나의 특수한 태도를 가지고 하나의 특수한 분위기에 둘러싸여서 존재한다는 것을 표현한 개념이다. 이러한 현존성과 이해가 동본원적이라는 것이다. 모든 것을 물체들처럼 관찰하고 생각하는 사람은 먼저 인간의 삶이 있고 그리고 일정한 세계 안에 들어가서 그 다음에 그 세계를 이해하게 된다고 생각한다. 그러나 인간의 삶은 이미 하나의 세계 안에서의 현상이며 세계 안에 있다는 것은 이미 그 세계를 이해하는 그 세계 안에 있는 자기 자신을 이해한다는 것을 의미한다. 여기에 세계와 삶과 자아에 대한 자연스러운 전과학적(前科學的)인 이해가 인간 존재와 더불어 이미 씻어버릴 수 없는 사실로서 주어져 있다. 이것을 토대로 해서 우리의 모든 인식작업 곧 앎이 전개된다.

우리는 이러한 자연스러운 이해를 분명히 밝혀내고 이것을 전제로 한 미지의 세계에로의 전진과정과 의식적인 비판적인 인식의 전개를 연구할 것이다. 그러기 위해서 우리는 먼저 이와 같은 모든 과학적이고 이론적인 인식 이전에 이미 직접 주어져 있는 삶의 이해의 성격을 더 드러내기 위해서 이에 대한 딜타이의 사상을 살펴보려고 한다.

먼저 이 "이해"라는 말을 해석학적인 개념으로서 철학에 끌어들인 사람은 딜타이이다. 딜타이는 모든 의식적인 사유나 의욕 밑바닥에 있는 "삶의 기반"(Untergrund des Lebens)이라는 표현을 사용했다. "나는 그 삶의 기반 위에서 다른 사람들과 여러 가지 사실들을 나와 관계가 있고, 또 그들 스스로 서로 인과관계가 있는 현실들로서 파악한다. 삶의 관련이 나로부터 모든 방향으로 뻗어간다. 나는 그 삶의 기반 위에서 사람들과 관계하고 사물들과 관계하고 일정한 태도를 취한다. 그들의 요청을 성취하기도 하고 그들에게서 무엇인가를 기대하기도 한다. 그들 중에는 나를 행복하게 하고 나의 존재를 확대해 주고 나의 힘을 길러주는 것들도 있고 또한 그들 중에서는 나를 압박하고 나를 제한하는 것들도 있다. 일정한 방향으로만 전진하다가 잠시 여유를 갖고 보면 인간은 곧 이러한 관계들을 깨닫게 된다. 친구는 그의 존재를 확대해 주는 하나의 힘이며 모든 가족들은 그의 삶 속에서 하나의 특수한 위치를 갖는다. 그들 둘러싸고 있는 모든 것은 그로 말미암아 삶과 정신으로 이해된다. 삶과 정신이 그것들의 모습으로 객관화된 것이다. 문 앞에 있는 은행, 그늘진 나무 주택, 정원 등이 이러한 삶과 정신의 객관화로서만 그 본질과 의미를 갖는다. 이렇게 해서 삶은 모든 개인에게 그 자신의 세계를 창조해 준다".[2]

이 인용문과 밀접하게 관련된 다른 문장을 여기 다시 소개해 두어야 하겠다. "이 항존의 기반에서 여러 가지 서로 다른 역할들이 나

---

2) W. Dilthey, *Gesammelte Schriften*, 8 Bd, S. 208.

타나게 되는데 이 기반 위에는 나와 삶의 관련을 갖지 않는 것은 아무것도 없다. 나에게 압력이 되던지 도움이 되던지 지향의 목표가 되던지 의지의 구속이 되던지 중요성을 갖던지 관심을 끌던지 친근감을 주던지 반항을 표하던지 거리감과 소월감을 주던지 하지 않고 다만 객체로서만 존재하는 아무 인간도 사물도 그 위에는 존재하지 않는다. 이 삶의 관련(Lebensbezug)이 이 인간들과 대상들을 나를 위해서 행복의 전령, 존재의 확대, 힘의 제고가 되게 한다. 혹은 그것들은 이 관련을 통해서 나의 행동공간을 좁히고 나에게 압력을 주고 나의 힘을 감퇴시키기도 한다. 이러한 삶의 기반 위에서 객관적인 인식과 가치판단과 목적설정이 이해의 여러 가지 형태(Typen)로서 나타난다."[3]

이 두 인용문은 우리의 문제를 위해서 매우 중요한 의미를 가졌다. 여기에서 딜타이가 말하고자 하는 것을 자세히 살펴보자. 그는 "삶의 기반" 혹은 "항존하는 기반"(beständiger Untergrund)에 관해서 말하고 있다. 그 기반에서 여러 가지 역할들이 나타나게 되는데 이 역할들을 그는 객관적인 인식, 가치판단, 목적설정들이라고 하고 이것들이 바로 이해의 여러 가지 형태들이라고 한다. 요약해서 우리가 생각하고 느끼고 바라고 하는 모든 역할들이 이해의 각각 특수한 형태로서 이 삶의 기반에서 싹트고 자라난다는 것이다. 딜타이는 우리의 이성 감성 의지를 포함한 모든 의식작용의 공동적인 근원을 여기에서 발견한다. 인간이 그의 긴장된 사유와 집요한 전진을 잠시 멈추었을 때, 그 공동적인 근원을 깨달을 수 있다

---

3) W. Dilthey, 같은 책, 7 Bd, S. 131.

는 것이다. 우리가 여기에서 배우는 것은 우리의 의식의 모든 역할이 그것이 객관적인 인식이던지 가치판단이던지 목적설정이던지 종교적인 결단이던지 바로 이해의 여러 가지 변화된 형태들이며 하나의 공동적인 삶의 기반에서 드러난 것이라는 것이다. 그러므로 우리가 그 본질을 살펴보려고 하는 앎이라는 것도 이해의 일면으로서 이 삶의 기반으로부터 파악해야 하겠다는 것이다. 우리는 우리의 앎이 어떻게 이해의 하나의 형태로서 이 항존하는 기반에서 나타나는가를 살펴보아야 하겠다.

둘째로 딜타이는 그가 말하는 삶의 세계를 객관적으로 주어져 있는 현실로 파악하고 있지 않다. 그는 다른 사람들과 사물들을 객관적인 대상으로만 파악하지는 않는다. 물론 객관적인 대상으로서 나와 연결되기도 하고, 또 그것들 상호간에 어떤 인과관계를 가질 수도 있다. 이럴 때 그것들은 이론적인 관찰의 대상이다. 그러나 실제적인 삶의 관련에 있어서는 삶의 기반 위에 나타나는 모든 사람들과 사물들은 모두 나에게 압력이 되던지 도움이 되던지 나의 존재를 제한하던지 확대하던지 나에게 친근감을 주던지 소원감을 주던지 한다. 내 앞에 나타나는 모든 사람들과 사물들은 제일차적으로는 그리고 본원적으로는 이러한 삶의 관련으로서 나의 삶의 기반 위에 나타난다. 그것들을 이론적인 관찰의 대상인 객체로 파악하는 것은 하나의 특수하게 훈련된 정신적인 역할(Eine spätere differenzierte Leistung)이라는 것이다.

딜타이는 삶의 관련(Lebensbezug)이라는 개념을 여기에 끌어들인다. 이 삶의 관련으로 인해서 그의 삶의 세계 안에 있는 모든 사람들과 사물들이 나를 위해서 행복의 여신이 될 수도 있고 고통의 가시가 될 수도 있다. 딜타이는 시(詩)에 관해서 다음과 같이 말한 일이 있다. "시의 대상은 사물을 객관적으로만 인식하려는 이성을 위해서 존재하는 그러한 현실이 아니고 삶의 관련들 속에서 드러나는 나 자신과 사물의 성격이다."[4] 우리는 시의 대상은 그렇다고 할 수 있어도 철학이나 과학의 대상은 다르지 않느냐는 의문을 제기할 수 있다. 그러나 시는 인간의 정신의 특수한 작업이라기보다는 원초적이고 본원적인 작업이라고 보아야 할 것이다. 과학이 오히려 인간의 정신의 하나의 변형된 특수한 역할이다. 현대철학자들이 즐겨서 시를 연구하는 것은 그 때문이다. 예술로서의 시 자체가 문제가 아니고 인간의 정신의 본원적이고 원초적인 작업으로서의 시가 문제인 것이다.

삶의 관련을 딜타이는 더 자세히 설명하고 있다. 앞에서 인용한 글 속에서 그는 모든 가족들은 그의 삶 안에서 각각 일정한 "자리"를 차지한다고 했다. "나무들이 심어져 있는 모든 장소, 의자들이 놓여 있는 거실 등은 어릴 때부터 우리에게 익숙하고 잘 이해되고 있었다. 인간의 목적설정, 질서확립, 가치판단 등이 공동적인 규범으로서 모든 인간과 대상들에게 그 위치들을 설정해 주었기 때문이다."[5] 여기에 "자리" 또는 "위치" 등의 말이 나타난다. 삶의 세계 안에 나타나는 모든 사람들은 그 삶의 관련을 통해서 각각 자기의 자리와 위치를 갖는다. 삶의 관련을 통해서 우리의 삶의 세계는 질서 있는 구조로 드러난다. 이 포괄적인 질서 있는 구조 안에서 어떤

---

4) W. Dilthey, *Das Erlebnis und Dichtung*, Leipzig 1939, S. 178.

5) W. Dithey, *Gesammelle Schriften*, 7 Bd, S. 208.

것은 멀리 있고 어떤 것은 가까이 있다. 그리고 모든 것은 그 자리와 위치에 따라서 각각 의미를 갖는다. 그러므로 모든 삶의 관련은 이미 삶의 이해를 의미한다.

이렇게 삶의 관련 속에 주어져 있는 이해에서 객관적인 인식, 순수한 이론적인 인식, 가치판단, 목적설정 등이 원초적인 이해의 변형된 형태들로서 파생하게 된다. 여기에서 우리는 앎의 본질을 밝힐 수 있는 중요한 원리를 깨닫는다. 다시 말하면 딜타이의 사상은 인식이 포괄적인 삶의 기반에 근거한 것이라는 것을 밝혀주었다. 그러므로 우리는 인간의 앎, 곧 인식현상을 분석하고 지식의 본질을 살피는데 있어서 그 기반으로서의 삶에로 되돌아가야 하겠다. 앎은 삶의 하나의 특수한 역할이고 따라서 늘 삶과 연결되어 있다.

훗셀도 객관적인 과학적인 인식을 현상학적으로 살피면서 "자연스런 방식의 세계"(Welt der natürlichen Einstellung)의 구조를 자세히 분석하려고 했다. "이렇게 해서 나는 하나의 꼭같은 그러나 내용적으론 늘 변하는 세계 안에 존재한다. 이 세계는 계속 나를 위해서 존재한다. 그리고 나 자신이 그 세계의 일부분이다. 그런데 이 세계는 나에게 있어서는 단순한 하나의 사실 세계로서 존재하는 것이 아니고 직접적으로 하나의 가치의 세계, 재보의 세계, 실제적 세계로서 존재한다. 나는 나 앞에 있는 사물들을 그 성격들 그 가치들과 더불어 발견하고 더러는 아름답고 더러는 더럽고 어떤 것은 맘에 들고 어떤 것은 싫은 것으로 발견한다. 모든 사물들은 직접 이용물(Gebrauchsobjekte)로서 존재한다. 책상, 잔, 화병, 악기 등이 모두 그러하다. 이러한 가치성과 실용적인 성격들은 존재하는 객체 그 자체에 속하는 것이다. 내가 이것들을 이용하던 안 하던 마찬가지다. 이것은 사물들에만 해당하는 것이 아니고 인간들과 나의 주위에 있는 동물들에도 해당한다. 그것들은 나의 친구일 수도 있고 원수일 수도 있고 친척일 수도 있다."[6] 여기서도 이 세계의 실용적인 구체적인 자연스런 성격이 그 가치와 이용성과 더불어 잘 드러나고 있다. 객관적이고 논리적인 기능들의 모든 명증(alle Evidenz objektive logischer Leistungen)도 그 뿌리를 이 실용적인 삶의 세계 안에 갖고 있다. 그런데 문제는 이러한 자명한 삶의 기반에서 어떻게 해서 객관적인 인식이 가능하게 되고 그러한 원초적인 이해에서 어떻게 해서 확실한 앎이 파생되는가 하는 것이다.

---

6) E. Husserl, *Idee zu einer reinen Phänomenologie und phänomenologischen Philosphie*, 1 Bd, 1928, S. 50.

7

행동의 우위성

행동과 지식 / 베르그손의 행동 우위성 / 듀이의 버릇개념

우리는 앎의 본질을 밝히는데 있어서 이론적인 인식이 먼저인지 혹은 실제적인 행동이 먼저인지의 문제에 부딪친다. 이론에서 행동이 유도되는 것인지 혹은 행동에서 이론이 반성되는 것인지의 문제이다. 훗셀을 포함해서 인간의 인식의 문제를 다룬 대부분의 철학자들이 이론을 앞세우고 그 이론을 근거로 해서 구체적이고 실천적인 행동이 뒤따른다고 생각했다. 따라서 그들에게 있어서는 이론이 실천적 행동보다 우위성을 갖는다. 우리가 이미 살펴본 바와 같이 오늘날의 실증적이고 기술적인 지식에 있어서는 이론적인 지식과 실천적인 행동이 괴리되어 아무런 직접적인 연결을 갖지 않는다. 다만 이론적인 지식이 기술적으로 적용된다고 생각하면 지식이 그 이용보다 앞선다고 말할 수 있겠다.

그런데 베르그손은 앎의 현상을 근원적으로 살피면서 이론보다 실천적 행동의 우위성을 밝혀낸다. 인간은 그의 삶의 세계 안에 살

면서 이미 합목적적으로 행동하고 모든 도구들과 물건들을 바르게 이용한다. 그것들을 실제적으로 다루면서 그것들의 성격과 의미를 경험한다. 이론적으로 관찰하고 이성적으로 생각하기 전에 이미 실천적인 경험을 통해서 안다. 그러므로 이론보다 실천적인 행동이 더 본원적이라는 것이다. 실천적인 행동의 기반 위에서 특정한 조건들 아래서 이론이 전개된다. 그것은 딜타이가 모든 정신적인 역할들이 삶의 기반에서 나온다고 말한 것과 같은 의미를 가졌다. 산다는 것은 이론을 전개하는 것보다도 실천하고 행동하는 것을 의미하기 때문이다.

베르그손에 의하면 인간의 이론적인 지성은 그의 삶을 그 행동성에 있어서 파악하지 못한다. 이것이 그의 철학에는 전제되어 있다. 그러므로 지성은 이론적인 차원에서 현실을 그 본질에 있어서 파악하게끔 되어 있지 못하다. 지성은 처음부터 행동에 봉사하게끔 되어 있다는 것이다. 인간의 지성이란 그의 행동에 봉사한다는 이러한 과제를 위해서 자라난 것이다. 그래서 베르그손은 "사유의 능력은 행동의 능력의 곁가지에 지나지 않는다"[1] 라고도 했고 "우리는 본래 다만 행동하기 위해서만 생각한다"[2]고 명확하게 표현하기도 했다. 모든 이론과 지식은 원래 효율적으로 행동하기 위한 도구라는 것이다. 그런데 지금까지 일반적으로는 이론의 우위성이 믿어져왔다. 먼저 이론이 있고 그 다음에 그것을 실천하는 행동이 따른다는 것이다. 모든 행동은 이론의 실천이라는 것이다. 베르그손의 사

---

1) H. Bergson, *Schöpferische Entwicklung*, Jena 1921, S. 1.
2) 같은 책, S. 50.

상은 이러한 종래의 관찰과는 대립적인 것이다. 우리는 먼저 바르게 인식을 하고 그 지식의 도움으로 합목적적으로 행동해야 한다는 것이다. 이런 의미에서 현대의 기술은 물리학적인 이론의 실제적인 응용이다. 그러나 베르그손은 이와는 반대로 생각한다. 행동하고, 행동하기를 원하고, 행동해야 하는 것, 이것이 첫째라는 것이다. 이론은 다만 행동에서 나타나는 난관을 극복하기 위해서만 불가피한 것이다. 인간의 행동이 자명한 삶의 세계 안에서 원초적인 이해에 따라 전개되고 아무런 난관에 부딪치지 않으면 생각할 필요도 없고 이론을 전개할 필요도 없다.

이와 같이 인간의 행동이 어떤 난관에 부딪침으로써 나타나게 된 사유와 그 사유에 의한 인식의 본질은 이러한 실천적 행동을 위한 그의 기능을 통해서 정의되어야 한다고 베르그손은 생각한다. 앎의 본질은 행동을 위한 그의 기능을 통해서 파악되어야 한다는 것이다. "실천적 행동의 주형을 따라서 우리의 지성은 주조된다."[3] 인간의 인식의 여러 가지 형식들 그 중에 자연과학적인 인식의 형식도, 그리고 우리의 모든 개념들도 그 실천적인 기능을 통해서 정의되어야 한다는 것이다. 다시 말하면 행동의 세계, 실천적 삶의 세계, 의식주를 마련하는 노동의 세계 이것이 인간의 사유를 발전시키고 앎을 증대시키는 매개체라는 것이다. 인간은 생각하고 이론을 전개하는 존재라기보다는 공작하고 행동하는 존재이다. 그래서 널리 알려진 바와 같이 베르그손에 의하면 인간은 homo sapiens가 아니고 homo faber라는 것이다. 행동의 요청들에 따라서 인식의 형식들이

---

3) H. Bergson, 같은 책, S. 50.

결정된다는 것이다.

베르그손에 의하면 지성은 언제가 행동의 영역 안에서 그의 정당한 기능을 발휘한다. 그리고 이미 간단히 말한 바와 같이 자명한 삶의 세계 안에서 습관적으로 아무 거침없이 전개되는 행동은 인식의 도움을 필요로 하지 않는다. "인간의 의식은 그의 행동이 어떤 난관에 부딪쳐서 중단되거나 방해될 때 비로소 나타난다."[4] 행동의 기계적인 진행을 중단시키는 난관과 방해가 있어서 의식이 나타나고 생각하고 이론을 전개하고 새로운 지식을 얻고 한다는 것이다. 종래의 고전적인 인식론은 의식을 먼저 앞세웠다. 그러나 여기서는 삶의 일정한 과정을 통해서 곧 행동이 방해되었을 때 비로소 의식이 드러난다는 것이다.

베르그손 자신이 "앎과 삶은 분리해서 다루어질 수 없다"[5]고 그의 사상을 요약해서 표현하고 있다. 인간은 인식하는 존재라기보다는 행동하는 존재이다. 그러므로 우리는 인간의 삶의 행동으로부터 그의 앎의 현상을 파악해야 할 것이다. 왜냐하면 앎은 삶의 하나의 기능이기 때문이다. 이론을 실천에 근거시키고 지식을 행동에 근거시키려고 한 데에 베르그손의 새로운 시도의 특징이 있다. 그런데 사실은 우리가 이미 살펴본 바와 같이 인간의 삶의 구조에 근거한 앎의 순환성의 원리가 이 관계에도 적용된다. 이론과 실천, 그리고 지식과 행동 어느 것이 먼저이고 어느 것이 우위성을 갖는다기보다는 서로 순환적으로 제약하고 보충하는 것이라고 생각된다. 본원적

---

4) H. Bergson, 같은 책, S. 126.
5) H. Bergson, 같은 책, S. 5.

인 삶의 기반 위에서 이론적 지식과 실천적 행동이 상호 밀접하게 연결되어 있다.

행동의 자명적이고 습관적인 전개가 방해되었을 때 인간의 의식의 작용, 혹은 지성의 기능이 나타나게 된다는 베르그손의 사상은 듀이의 이에 관한 사상과 밀접한 연관을 갖고 있다. 듀이도 역시 인간의 모든 의식작용을 이론 이전의 행동에 근거한 것으로 생각했다. 듀이에게 있어서 결정적인 기본개념은 "버릇"(habit)[6]이다. 버릇은 보이지 아니하게 인간의 행동을 결정하고 그의 사유와 지각을 유도한다고 한다. 여기에서 "버릇"이라는 것은 아주 넓은 의미에서 이해되어야 하겠다. 듀이가 여기에서 말하는 "버릇"이라는 것은 "인간의 일종의 행동을 말하는데 그 행동은 그 이전의 행동들의 영향을 받아서 얻어진 것이며 그 자체 안에 행동요소들의 일정한 집합과 질서를 가진 그러한 종류의 행동이다. 그리고 그것은 근본적으로 힘을 가졌으며 생동적이고 늘 작용하려고 하고 또한 인간의 행동을 드러나게 지배하지 않을 때도 밑에서 작용하는 그러한 성격의 것이다."[7]

듀이의 이러한 버릇의 개념은 딜타이가 말한 자연스런 세계 이해, 혹은 해석학이 일반적으로 말하는 전이해와 비교될 수 있다. 버릇과 전이해는 모두 포괄적인 삶 안에서 자명한 하나의 기반을 이룩하는 것이다. 이 기반에서 여러 가지 정신적인 역할들과 행동이 나

---

6) Dewey가 말하는 habit이라는 말도 일상적인 영어의 뜻을 다소 떠난 것이 분명하기 때문에 버릇이라는 번역어가 부적당하게 생각되는 것은 당연하다. 독일말로도 Gewohnheit 혹은 Verhaltensweise라는 두 가지로 번역한다.

7) J. Dewey, *Human nature* 독어 번역본 *Die menschliche Natur*, Stuttgart-Berlin 1931, S. 42.

타나게 되는 그러한 기반을 이루고 있다는 것이다. 다만 버릇은 행동 쪽에 가까운 표현 같고 전이해는 인식 쪽에 가까운 표현 같다. 그러나 듀이의 버릇은 이미 딜타이가 말하는 자연스런 세계이해를 내포하고 있다. 그렇지 않으면 삶을 이끌어가는 버릇이라고 할 수가 없다. 그리고 딜타이의 자연스런 세계 이해 혹은 해석학이 말하는 전이해도 그것이 구체적으로 작용을 할 때 행동으로 나타나기 때문에 버릇이 된다. 그러므로 이들은 하나의 같은 사실을 서로 다른 측면에서 표현한 것이라고 할 수 있다. 버릇은 행동적인 측면에서 전이해는 인식적인 측면에서 표현한 것이다.

듀이에 의하면 인간에게 있어서 버릇이 그의 모든 인식과 행동 이전에 원초적으로 주어져 있는 기반이다. 따라서 버릇은 모든 행동과 인식의 기반으로서 우리는 그 뒤에 어떤 백지와 같은 출발점을 상정할 수가 없다. 그러므로 우리의 모든 지식과 기술의 진보는 이 버릇들의 기반 위에서만 이룩된다. 물론 여기에 대해서 다음과 같은 의문이 제시될 수 있다. 어떻게 우리는 버릇을 출발점에 두고 그것을 원초적인 기반이라고 생각할 수 있겠는가. 버릇은 자연으로부터 주어진 본능이 아니고 살아가면서 얻은 것이기 때문에 그것을 출발점에 둘 수는 없지 않은가. 버릇 이전에 이미 본능들과 천성들이 있지 않은가. 그러므로 인간의 본능과 천성으로부터 출발해서 버릇의 형성을 삶의 과정 안에서 추구해야 될 것이 아닌가. 이러한 의문들에 대한 답변에서 철학자로서의 듀이의 위대한 점이 드러난다. 그는 철학을 하나의 아르키메데스의 기점 위에 건설할 수는 없다는 것을 철저히 알고 있다. 우리는 철학함에 있어서 다만 우리 앞에 주어져 있는 사실로부터 출발해야 한다. 그 사실이라는 것이 바·로 이미 이룩된 여러 가지 버릇들을 가지고 살고 있는 인간이다. 그 버릇들에 조종되면서 사유하고 행동하는 인간이다. 그러한 버릇들에 물들지 아니한 순수한 본능들만 가진 자연존재로서의 인간은 우리가 상상만 할 수 있고 실제적으로나 경험적으로서는 볼 수 없는 관념적인 존재에 불과하다. 우리는 인류의 역사를 과거로 아무리 더듬어 올라가도 아무 버릇에도 젖지 아니한 본능들만의 자연존재로서의 인간은 찾지 못한다. 지금 출생한 어린 아이는 아마 몇 시간 동안은 그러한 본능만의 자연존재라고 볼 수 있을지 몰라도 곧 어른들의 버릇 세계에 물들어 버린다. 환경 세계의 질서를 통한 보호 아래서만 그 어린 아이는 생명을 유지하고 자라날 수 있기 때문이다. "어른들의 버릇이 된 숙달과 기술의 도움이 없으면 어린 아이의 본능이란 다만 몸부림과 울음뿐이다."[8] 그래서 듀이는 이렇게 주장한다. "인간의 행동에 있어서는 형성된 것, 곧 버릇이 첫째이다. 시간적으로는 본능이 먼저라 할지라도 사실에 있어서는 첫째가 아니며 제이차적인 것이고 자립적인 것이 아니다."[9] 물론 우리는 여기에서 버릇과 본능의 관계를 좀더 합리적으로 추구해 볼 수 있다. 그래서 상호의존적이고 보충적인 관계를 확인할 수 있을 것이다. 버릇이 인간의 행동을 조종하지만 또한 버릇이 경화되면 본능의 반발을 불러일으킨다. 이와 같은 관계를 여기에서 더 추구하려고 하지 않는다. 다만 매우 중요하다고 생각되는 것은 듀이가 절대적인 아

---

8) J. Dewey, 같은 책, S. 92.
9) J. Dewey, 같은 책, S. 91.

르키메데스의 기점을 헛되이 찾지 아니하고 삶의 구조 안에서의 "버릇"이라는 기반에서 인간의 행동과 인식을 파악하려고 했다는 점이다. 그는 해석학과 같은 원리에 의해서 감각적인 경험주의와 합리주의를 결정적으로 거부했다. "앞서 있는 버릇에 의해서 영향받지 아니한 순수한 이성이란 다만 환상의 그림에 지나지 않는다."[10] 그리고 그는 모든 사상의 형성은 버릇에 제약된다고 주장한다. "개념들을 이룩할 순수한 감각적인 인상들이 버릇에 제약됨 없이 존재한다면 그것들도 다만 환상적인 것이다. 사유와 계획의 재료가 되는 감각적인 인상들과 개념들은 모두 버릇들의 영향을 받은 것이다. 이 버릇들은 행동에서 나타나고 이 버릇들에서 감각적인 인상들과 행동들이 자라난다."[11] 그리고 그는 감각적인 경험주의자들이 인식의 기초적인 요소들이라고 생각하는 분리된 자립적인 감각적 인상들은 본원적인 것이 아니고 인간의 발전된 분석기능의 산물들이라고 주장한다. 그는 보기를 들어서 순수한 색깔 인상을 관찰하는데 얼마나 많은 기술적인 분석을 통한 추상화가 요청되는지 모른다고 했다.

　마지막으로 이제 우리의 앎의 본질을 추구하는 작업에서 듀이에게서 배우는 결정적으로 중요한 것은 버릇들에 의해서 조종되는 삶 안에서의 사유 혹은 듀이의 표현대로 지성의 위치가 어떤 것이냐는 문제이다. 이미 약간 비친 바와 같이 버릇들은 경화될 수 있다. 그리고 사회 전체의 경화된 전통적인 버릇은 그것이 도덕, 종교, 혹은

---

10) J. Dewey, 같은 책, S. 32.
11) J. Dewey, 같은 책, S. 31.

다른 종류의 규범에 속하는 것이라도 인간을 심히 압박할 수 있다. 그래서 본능적인 혹은 천성적인 잠재력이 이에 반항해서 큰 폭발을 일으킬 수 있다. 만약 이성적인 조절이 없으면 폭발한다는 것이다. 이러한 이성적인 조절이 이른바 지성의 과제이다. 지성은 여기에서 새로운 길을 찾고 경화된 버릇들을 쇄신하고 폭발을 피하게 한다. "굳은 빵의 껍질이 파괴되면 본능을 발산시킨다. 그러나 길을 발견하고 이용하는 것은 지성의 일이다."[12] 지성은 위기에 비로소 나타나고 필요할 때 개입한다. 지성은 미리부터 작용하는 것이 아니고 위기의 극복으로서 작용한다. 그래서 듀이는 "지성의 출생"이라는 표현을 썼다. "지성은 본능의 쌍둥이처럼 버릇이 방해된 순간에 탄생한다."[13] 삶이 그 버릇들 속에서 문제없이 진행될 때는 본능과 지성이 얼굴을 나타내지 않지만 그것이 방해되는 순간에 본능이 나타나고 지성이 탄생한다. 버릇의 방해, 곧 그의 위기가 지성의 모태이다. 버릇이 아무 방해도 받지 않고 삶을 조종하고 있는 한 지성은 출생하지 않는다. 따라서 인간이 이러한 난관과 위기에 접할 때 생각하게 되고 새로운 지식을 얻게 된다. 인간의 사유는 난관과 방해와 위기의 표현이다. 난관이 없고 위기가 없고 방해가 없는 삶은 지성을 낳지 않는다. 왜냐하면 그것은 생각할 필요를 갖지 않기 때문이다.

버릇이 방해될 때 비로소 의식이 출현하고 지성이 탄생한다는 듀이의 이론을 비판하는 사람들은 이것을 일종의 병적인 현상이라고

---

12) J. Dewey, 같은 책, S. 175.
13) J. Dewey, 같은 책, S. 176.

말한다.[14] 그러나 그들은 이러한 소위 "방해" "난관" "좌절" 혹은 "위기"라는 것이 삶의 본질에 속하는 것이라는 것을 모르고 있다. 방해되고 또 새로운 역할을 통해서 그 방해가 극복되고 하는 것이 인간의 삶이기 때문이다. 삶은 마치 식물이 자라나듯이 문제없이 자라나는 것이 아니고 늘 새로 일어나는 방해 혹은 난관 좌절과의 부절한 대결을 통해서 전진한다. "모든 순간마다 유기체와 그의 환경과의 조화가 늘 깨뜨려지고 또한 늘 다시 회복되는 것, 이것이 진리이다. 삶의 좌절과 극복의 연속이다."[15] 이런 변증법적 생동성이 삶의 내적인 의미이다. 그러므로 의식은 모든 순간마다 꼭같이 존재하는 연속적인 흐름이 아니고 어떤 방해나 난관과 더불어 나타났다가 삶이 그의 버릇들의 조종 속에서 조화를 유지할 때는 다시 사라져버린다. 듀이의 이러한 의식론은 종래의 철학이 전제한 의식관을 뒤집어버렸다. 이론적인 인식을 위해서 백지와 같은 상태로 늘 존재하는 의식은 없다는 것이다. 이것은 우리가 앎의 본질을 밝히는데 있어서 매우 중요한 의미를 가졌다. 베르그손의 행동우위설도 듀이의 의식론도 모두 인간의 앎이 본질적으로 그리고 근본적으로 그의 삶의 움직임 속에서만 관찰되어야 한다는 것을 알려준다. 이론은 이론대로 실천은 실천대로 행동은 또 다르고 지식은 다시 다르고 인격과 학문은 별개의 것이고 앎과 삶이 괴리된 상태는 바람직하지 못한 그리고 앎의 근원적인 형태에서 변질된 상태이다.

---

14) 비판자로서 Carlyle, Rousseau 같은 사람이 있다.
15) J. Dewey, 같은 책, S. 184.

8

전이해의 분석

전이해의 개념 / 불가능한 무전제성 / 립쓰의 구념

인간이 그의 삶의 세계 안에 산다는 것은 이미 그 세계와 자기 자신과 삶을 이해한다는 것을 의미한다. 이해는 삶의 기본적인 구조이다. 그런 의미에서 삶은 이해라고 말할 수도 있겠다. 이 삶의 기본구조로서의 이해로부터 우리의 모든 행동과 모든 정신적인 역할들과 인식이 조종되고 출발한다. 객관적 인식 가치판단 목적설정 종교적인 신앙 등이 모두 이 이해의 특수한 변형된 형태로서 전개된 것이며 따라서 이 이해에 뿌리박고 있다. 그런데 이 이해는 무의식적이고 표면에 나타나지 않기 때문에 특수한 기회에 혹은 일정한 분석을 통해서만 스스로를 밝힌다. 그리고 이 이해는 확실한 인식 이전에 존재하고 있고 나타나지 않으면서도 인간의 모든 정신적 역할에 강하게 영향하는 것이기 때문에 "전이해"라고 부른다. 전이해라는 이름은 모든 의식적이고 명확한 이해 이전의 이해라는 뜻에서 붙여진 이름이다. 아직도 의식적으로 전개되지 아니한 인식의 원형

이면서도 숨어서 강하게 작용하는 것을 전이해라고 한다.

전이해라는 말은 하이데거가 쓰기 시작한 말이다. 그가 그의 특수한 표현으로 "존재적 진리"(ontische Wahrheit)라고 하는 것 곧 모든 존재자들에 대한 이해는 그가 "존재론적 진리"(ontologische Wahrheit)라고 하는 것 곧 존재자의 존재방식에 대한 이해에 의해서 미리 밝혀지고 유도되고 한다는 것이다. 다시 말하면 어떤 사물에 대한 구체적인 이해는 그 사물의 존재방식에 대한 다른 하나의 기본적인 이해에 의해서 조종된다는 것이다. 하이데거의 이러한 특수한 표현 때문에 우리는 흔히 그 참뜻을 파악하지 못하고 넘어가는 일이 많다. 그러므로 나는 여기에 아주 통속적인 보기를 하나 들어서 하이데거가 여기에서 말하고자 하는 참뜻을 밝혀 보고자 한다. 우리 속담에 "곰보도 보조개"라는 말이 있다. 구체적으로 얼굴에 있는 흠에 대한 이해가 그 사람의 존재방식 곧 그 사람이 나의 사랑하는 사람으로서 존재한다는데 대한 이해에 의해서 조종된 것이다. 그러므로 사랑하는 사람의 얼굴에 있는 곰보가 보조개로 이해된다. 이 보기는 너무 통속적이고 따라서 하이데거의 참뜻을 설명하는데 알맞지 않을는지 모른다. 그러나 그의 참뜻의 파악을 위한 어떤 하나의 전망을 보여주는 것이라고 생각된다. 이렇게 "어떤 존재자에 대한 우리의 모든 이해와 태도를 앞서서 밝히고 이끌어가는 존재의 이해"[1], 그러면서도 아직도 분명한 개념으로 드러나지 않는 이해를 전이해라고 했다. 이러한 전이해 속에 모든 이해의 근원이 있다.

---

1) M. Heidegger, *Vom Wesen des Grundes*, Frankfurt 1967, S. 28.

이런 의미에서 우리는 인간의 모든 관찰과 지각과 경험과 지식이 언제나 이미 하나의 전이해에 의해서 밝혀지고 유도된다고 말할 수 있다. 훗셀은 이것을 "선험적인 지평"[2] (den apriorischen Horizont)이라고 했다. 모든 구체적 경험들이 그것을 기반으로 그 안에서 이루어질 수 있는 지평이라는 뜻이다. 그런데 "전이해"라고 하는 말 자체는 킴멜(Kümmel)이 이미 지적한 바와 같이 두 가지 의미를 가졌다.[3] 곧 기초적인 전이해와 선취적인 전이해이다. 선취적인 전이해라는 것은 어떤 사물의 부분 부분을 자세히 살피기 전에 그 사물의 전체에 대해서 미리 얻는 이해를 말하는데 이것은 자세한 관찰을 통해서 더 정확하고 확실해진다. 그전에 이러한 선취적인 전이해는 그 사물과의 접촉을 통해서 비로소 형성된다. 그리고 그 사물 자체에서 유도된 것이다. 이것은 인간의 인식과정에 있어서의 첫기능이다. 따라서 선취적인 전이해는 어떤 특정한 사물과 그에 대한 인식과 함께 의미를 갖는다. 그런데 이러한 인식에는 이미 이 세계와 삶의 대한 얼마나 많은 전이해들이 함께 작용하는지 모른다. 이것을 킴멜은 기초적인 전이해 혹은 그의 말을 직역하면 "함께 가져와진"(Mitgebrache) 전이해라고 했다. 인간이 삶의 세계의 전통에서 이어받아 그의 존재와 더불어 간직하고 있는 전이해라는 뜻이다. 킴멜의 이러한 구별은 우리가 전이해를 설명하고 분석하는데 도움이 된다고 생각한다. 기본적인 전이해는 보편적으로 모든 대상들에게 적용될 수 있는 이해이고 선취적인 전이해는

---

2) E. Husserl, *Erfahrung und Urteil*, Hamburg 1948.

3) F. Kümmel, *Verständnis und Vorverständnis*, Essen 1965, S. 36.

어떤 특정한 대상을 파악하는 인식과정의 첫 단계로서의 이해를 말한다.

우리가 지금까지 말한 전이해는 우선 모든 구체적인 인식과정 이전에 있는 아푸리오리로서의 기본적인 전이해를 의미한다. 그런데 인간이 확실한 자명성 속에서 움직이고 있는 한 이런 기본적인 전이해는 인식주체에게는 드러나지 않은 체 숨어 있을 것이다. 그리고 과학적인 연구도 어느 정도까지는 그러한 비판되지 아니한 전이해의 테두리 안에서 움직일 수 있다. 그러나 사태의 변화와 더불어 우리가 자명성의 한계선에 부딪치고 불가해의 사실과 마주치게 되면 문제는 달라진다. 여기서 비로소 전이해의 지평을 분석하고 그 속에 포함된 기본 개념을 반성할 필요가 생긴다. 전이해와의 비판적인 대결이 필요하게 된다는 것이다. 전이해의 지평 안에서 아무 문제나 어려움이 없이 움직이고 있는 한 비판과 반성의 필요가 없다. 전이해의 자명성이 한계점에 도달했을 때 전이해의 분석이 필요하게 된다.

이러한 분석의 과제는 지금까지 무의식적으로 숨어서 우리의 모든 정신작용과 행동을 지배해 오던 것을 분명하게 드러내는데 있다. 그런데 이러한 분석은 어떤 주어진 문서나 발생한 사건을 분석하는 것과는 다른 어려움을 갖고 있다. 전이해는 파악하기가 매우 어렵다. 전이해의 분석이라는 것은 지금까지 무의식적으로 이미 이해하고 있던 것을 명확하게 밝혀내는 일이다. 전이해는 초시간적인 고정적인 존립 혹은 칸트(Kant)가 말한 엄밀한 아푸리오리, 곧 인간에게 자연으로부터 따라서 삶의 흐름과 역사의 진전에도 불구하고 변화하지 않는 것으로 생각되어서는 안 된다. 하이데거는 전이해를 이와 같이 고정적인 실존의 구조인 것처럼 생각하고 있는 것 같다. 만약 전이해가 그와 같이 초시간적이고 불변의 아푸리오리라면 인간의 삶에는 아무런 새로운 것이 나타날 가능성이 없다. 다만 영원한 반복의 가능성이 있을 뿐이다. 그러나 물론 하이데거 자신은 전이해의 내용을 불변의 것이라고 주장하는 것이 아니고 그 형상적인 구조가 실존의 구조에 뿌리박고 있기 때문에 그것이 불변의 것이라고 주장한 것이다. 그러나 형상과 내용의 분리에도 역시 문제가 있다. 우리가 하이데거에게서 배우는 가장 중요한 것은 역시 전이해가 단순히 의식의 문제, 혹은 인식의 문제가 아니고 일정한 역사적인 사회적인 상황 속에 내던져 있는 존재의 문제라는 것이다. 전이해는 한 마디로 말하면 일정한 상황 안에 있어서의 우리의 삶의 구조와 얽혀 있다. 그러므로 전이해를 분석하기 위해서는 각각 그의 삶의 구조와 존재의 양식을 분석해야 한다. 부모의 사랑을 모르고 고아원에서 자라난 소년은 늘 세계의 모든 현상을 슬프게만 파악한다. 이것은 그의 전이해가 그의 모든 의식기능과 행동을 이미 그렇게 이끌어가기 때문이다. 이러한 그의 전이해는 그의 삶의 역사와의 연결 없이는 분석되지 않는다.

하이데거의 전이해의 개념을 그의 제자 가다머(Gadamer)는 그의 저서 "진리와 방법"(Waherheit und Methode)에서 더 철저히 발전시켰다. 인식의 무전제성이라는 것이 사실은 불가능하다는 것을 그는 여기에서 먼저 밝힌다. 종래 흔히 엄밀한 과학적인 인식의 무전제성이 주장되었었다. 그러나 그러한 무전제성은 불가능하다.

모든 인식은 미리 앞서서 유도하는 전이해에 의존한다고 했다. 그래서 그는 한 걸음 더 나아가서 "선입관이라는 개념의 복권"[4]을 주장했다. 가다머는 여기에서 우리가 모두 동의할 수 있는 충분히 정당한 것을 주장하려고 하고 있지만 역시 그가 사용하는 "선입관"이라는 표현은 적당하지 못하다. 정확하고 실증적인 지식을 얻기 위한 과학적인 인식이 그렇게도 배척하고 싫어한 "선입관"이라는 말을 그대로 복권시킬 수는 없다. 전이해와 선입관은 구별되어야 한다. 왜 우리가 말하는 전이해가 선입관과는 다른지 다음에 살펴보기로 하자.

그러나 가다머가 여기에서 말하고자 하는 내용은 다음과 같다. 인간의 인식은 결코 밑으로부터 무전제로 출발하는 것이 아니고 언제나 미리 존재하는 이해에서 출발한다. 곧 전이해로부터 출발한다. 그래서 가다머는 하이데거의 사상을 받아서 "이해의 전구조"(Vorstruktur des Verstehens)라고도 했다. 그리고 그는 이러한 이해의 전구조가 집단적인 존재 곧 사회에 뿌리박고 있다고 했다. 우리의 모든 정신적인 역할과 행동을 미리 조종하는 전이해가 우리의 삶의 공동체 곧 가족 교회 사회에 근거하고 있다는 것은 분명한 사실이다. "우리가 돌이켜 생각해 보면 우리 한 사람 한 사람이 이해하기 오래 전에 우리는 이미 자명하게 가족과 국가와 사회 안에서 이해한다……그러므로 개인의 선입관들은 그의 존재의 사회적인 역사적인 현실이다."[5] 한국사람들의 사유와 행동을 미리 조종하고

---

4) H-G. Gadamer, *Wahrheit und Methode*, S. 261.
5) Gadamer, 같은 책, S. 261.

제약하는 여러 가지 전이해들이 많다. 문화적인 전통, 사회적인 생활집단 이런 것 속에 우리의 전이해가 넓게 뿌리박고 있다는 것이다.

여기에서 가다머가 즐겨쓰는 "선입관"(Vorurteil)은 사실 우리가 지금까지 말한 전이해를 표현하기에는 다음과 같은 몇 가지 점들에서 적당하지 못하다고 생각된다. 첫째로 전이해는 그것이 아무리 강하게 작용해도 역시 아직 확실한 개념의 결정적인 형식으로 드러나지는 않는다. 대체로 무의식적으로 작용하고 뒤에 숨어 있는 것이 보통이다. 그러나 선입관은 명백하게 정의될 수 있고 분명한 개념적인 형식으로 드러난다. 둘째로 전이해는 폐쇄적이고 고정적인 것이 아니고 개방적이고 유동적이다. 그러나 선입관은 처음부터 폐쇄적이고 고정적인 성격을 가졌다. 그러므로 만약 우리가 선입관에 의해서 사유하고 판단하고 행동한다면 발전은 기약할 수가 없다. 그리고 합리적인 계몽주의 사조가 선입관을 배격한 데에는 정당한 이유가 있다. 그것은 인간의 사유와 행동을 경화된 독단의 압력에서 해방시키려는 것이다. 그러므로 우리는 전이해와 선입관을 구별해야 하겠다. 그것은 가다머와 같은 훌륭한 학자에 대한 우스꽝스러운 반발 때문이 아니라 전이해의 올바른 파악을 위해서 필요한 구별이다.

우리는 전이해의 성격을 다른 측면에서 드러내기 위해서 립쓰(Lipps)의 구념(構念, Konzeption)이라는 개념을 여기에 끌어들여야 하겠다. 여기에서 내가 립쓰의 이 개념을 구념이라고 번역한 것은 우리의 생각을 미리 구성한다는 뜻 때문이다. 립쓰가 구념이라는 것은 일종의 기본개념이다. 그러나 논리학에서 다루어지는 개념들이 정의를 통해서 분명하게 이론적으로 파악될 수 있는데 대해서 구념은 그 작용에 있어서만 드러난다. 그리고 구념은 그것으로 현실을 파악하는 "틀"이다.[6] 립쓰의 구념들은 달리 말하면 기본적인 언어의 틀들인데 그 틀들 속에서 우리의 자연스런 세계 이해와 삶의 이해가 형성된다. 우리는 이 틀의 기능을 가진 구념들에게서 본래적인 형식의 전이해를 경험한다. 그러므로 우리는 이를 통해서 전이해의 문제를 더 예리하게 파악할 것이다.

립쓰에 의하면 구념들의 기능은 "전취"(前取, Vorgriff) 또는 "전결단"(前決斷, Vorentscheidung)이라고 한다. 그리고 이 전취는 해석학적으로 분석함으로써만 발견된다. 이렇게 해석학적으로 발견되는 것도 그에게는 그 유동성 때문에 의식되지 않는다. 이와 같이 배후에서 무의식적으로 작용하는 것에 대해서는 우리는 다만 추후적으로 그것을 깨달을 수 있을 뿐이다. 이런 의미에서는 우리가 이미 말한 전이해의 해석학적 분석은 일종의 추후적인 반성이다. 그것은 미리 무의식적으로 작용한 것을 명확하게 드러내는 것이다. 따라서 이것은 인간의 앎에 있어서는 무전제의 출발이 있는 것이 아니라 다만 추후적인 반성에서 이해된 것이 드러나는 것이라는 것을 의미한다. 그리고 이렇게 미리 작용하는 전취는 그것이 작용하기 전에는 파악되지 않는다. 인간은 그 전취작용에 있어서 그 전이해에 사로잡혀 버린다. 립쓰는 이 "사로잡힌다"(Das sich-betreffen)[7]는 표현을 특수한 의도를 가지고 반복해서 사용한다.

---

6) 립쓰의 구념의 틀의 기능에 대해서는 나의 "말의 힘"에서 자세히 설명한 바 있다.

인간은 자신을 이러한 전취작용에 사로잡혀 있는 상태로 발견하는 것이 자기실현의 과정이라고 그는 생각하고 있다. 그런데 이 "사로 잡힘"은 회피할 수가 없으며 다만 그것을 받아들이고 소화하고 의식하는 길밖에 없다. 그것은 인간이 그의 앞에 있어서 전이해의 작용을 벗어날 수 없으며 다만 그것을 의식적으로 소화할 수밖에 없다는 것을 의미한다. 립쓰는 분명히 켈케골(kierkegaard)과 하이데거의 사상의 영향 아래서 다음과 같이 말한다. 인간은 그의 전이해를 소화함으로써 그 전취작용에 사로잡힌 자기 자신을 만난다는 것이다. 그러므로 립쓰에게 있어서는 전이해의 분석은 다만 인식론적인 문제가 아니고 실존적인 혹은 인간학적인 문제이다. 이러한 립쓰의 사상에서 우리가 추구하는 인간학적인 지식론의 가장 중요한 일면이 명백해진다.

우리가 여기에서 "사로잡힌다"라고 번역한 립쓰의 표현들은 두 가지인데, Das sich-betreffen 혹은 Das Verstrickt-sein들이다. 인간이 그의 전이해에 있어서 사롭잡힌다는 것은 첫째로 전이해가 그렇게 불가피하고 보편적이고 숙명적이라는 것을 의미한다. 거기에서 빠져나온다는 것이 본질적으로 불가능하다고 그는 말하고 있다.[8] 둘째로는 그렇게 전이해의 선취작용에 사로잡혀 있는 자신이 바로 진실 그대로의 자아라는 것이며 따라서 그러한 전이해의 해석 혹은 소화에서 참다운 자아를 만난다는 것이다. 인간이 자기 자신의 실존을 만나는 것은 보편타당한 환상으로서의 인간상이나 무전

---

7) Lipps, H. *Die Verbindichkeit der Sprache*, Frankfurt, a, M, 1944, S. 60.
8) H. Lipps, 같은 책, S. 21. 참조.

제의 백지 위에 안좌한 인식자에게서가 아니고 전이해의 전취작용에 사로잡혀 있는 모습에서이다. 그리고 그런 의미에서 립쓰는 "구념들 속에서 실존이 성취된다."[9]고 말하고 있다.

그런데 립쓰의 그러한 표현들 특히 "사로잡히다"의 개념은 전이해가 인간에게 있어서 전혀 벗어날 수 없는 숙명적인 것이라는 사상과 더불어 그 전이해가 불변의 고정적인 것으로서 인간에게 주어져 있다는 생각을 함께 의미하고 있다. 이러한 전이해의 불변성 내지 고정성은 립쓰에게 뿐만 아니라 이미 밝힌 바와 같이 하이데거에게서도 명백히 드러난다. 전이해는 하이데거에 의하면 인간실존의 기본적인 구조 속에 선험적으로 주어져 있는 것이기 때문이다. 그것은 이미 고정적으로 주어져 있는 것으로서 다만 해석학적 분석을 통해서 드러내고 밝힐 필요가 있다는 것이다.

그러나 이것은 인간이 전연 새로운 것을 경험할 수 없다는 것을 의미하지는 않는다. 다만 그 새로운 것도 전이해가 제시하는 틀을 통해서 경험된다는 것이다. 그런데 립쓰와 하이데거에 의하면 그러한 새로운 것의 경험에도 불구하고 전이해 자체는 변하지 않는 것이다. 그러나 만약 전이해가 그 내용과 형식에 있어서 이렇게 고정적이고 불변의 것이라면 인간은 영원히 변하지 않는 하나의 세계 속에 포로가 될 수밖에 없다. 변화가 없는 세계는 미래가 없는 폐쇄적인 세계이다. 하이데거와 립쓰가 전이해를 이렇게 불변의 고정적인 것으로 표현한 것은 그들이 실존철학자로서 상대적인 삶의 현상을 초월한 절대적인 실존의 형상적인 구조 속에 뿌리박고 있는 전

---

9) H. Lipps, 같은 책, S. 68.

이해의 구조를 분석하려고 했기 때문일 것이다.

　인간은 숙명적으로 전이해의 울타리를 벗어날 수 없다. 이점은 하이데거와 립쓰가 바로 보았다. 그러나 볼노브(Bollnow)가 지적한 바와 같이 전이해 자체는 불변의 것이 아니다. 전이해는 개인적인 사회적인 삶의 역사 속에서 구축된 것이기 때문에 그것은 삶의 역사의 변화와 더불어 스스로 변할 수 있다. 삶의 역사 속에서 얻은 인간의 새로운 경험은 물론 그 경험자체가 이미 전이해에 의해서 유도된 것이기는 하지만 그러나 그것이 다시 전이해에 작용해서 그 전이해에 변화를 가져온다. 우리가 아무리 전이해에서 벗어나지 못한다고 해도 그 전이해는 역사 속에서 자라나고 변화하는 전이해이다. 그러므로 인간은 폐쇄적이고 고정적인 전이해에 갇혀있지 않고 늘 새롭고 미리 결정되지 아니한 세계를 바라보며 개방적으로 미래를 향해서 살 수 있다. 우리는 폐쇄적이고 고정적인 전이해가 아니고 개방적이고 변화하는 전이해에 이끌려가고 있다. 여기에 우리의 앎과 삶의 개방성과 더불어 미래를 향한 희망이 있다.

9

의견과 지식

"에피스테메"와 "독사" / 계몽주의의 의미 / 앎의 사회성

　전통적으로 철학은 언제나 인간의 인식을 어떤 하나의 확고부동한 기점에서 출발해서 직선적으로 전개시키려고 했다. 그러나 이러한 시도는 실패할 수밖에 없다. 왜냐하면 그러한 확고부동한 기점은 그것을 경험주의자들처럼 감성에서 찾든 합리주의자들처럼 이성에서 찾든 백지 위에 설정된 그러한 절대적인 기점은 없기 때문이다. 그리고 그렇게 직선적으로 전개되는 인식은 실제적인 인간의 앎의 현상과 부합되지 않는다. 실제적으로 인간의 의식은 정확한 인식을 위해서 백지처럼 밑받침하고 있다가 그 위에 설정된 절대적인 기점에서 지식을 쌓아올려가는 것이 아니고 이미 삶의 움직임과 더불어 주어져 있는 전이해들을 기반으로 해서 어떤 필요한 계기에 생각하고 비판하고 함으로써 지식들을 쌓아올려간다. 그 새로운 지식들에 의해서 그 기반이 되었던 전이해가 다시 보충되기도 하고 의식적인 분석을 통해서 수정되기도 한다. 그러므로 인간의 인식은

어떤 경우에 있어서도 무전제로 백지에서 출발하는 것이 아니고 언제나 이미 이해된 삶의 세계에서 출발한다. 실제로는 존재하지 않는 백지와 거기에서 설정된 절대적인 기점을 관념적 세계에 만들어 놓고 인간의 인식을 그 위에 건설하려고 하면 인간의 인식과 실제적인 삶을 분리시키는 결과를 가져온다. 그리고 이미 말한 바와 같이 그러한 인식론은 실제적인 앎의 현상과 맞지 않기 때문에 실패할 수밖에 없다. 실제로 인간의 앎은 그 삶의 세계와 더불어 많은 상대적인 전제들로부터 출발해서 순환적으로 전개된다.

  그런데 그러한 상대적인 전제들 중에 "의견"이라는 것이 있다. 전이해는 무의식적으로 밑바닥에서 우리의 정신적인 역할들과 실천적인 행동들을 조종하지만 여기에서 내가 의견이라고 하는 것은 그러한 전이해에서 직접 나타난 의식적인 일종의 앎을 말한다. 나는 그저 이런 "생각"을 가졌다 혹은 나는 이런 "의견"을 가졌다고 우리는 말한다. 말하지 않는 사람들도 대체로 언제나 단순한 "생각" 혹은 "의견"을 가졌다. 그러한 "생각"이나 "의견"을 갖지 아니한 사람은 실제로는 없다. 다만 그것을 발표하기를 주저하거나 발표할 명확한 개념들을 몰라서 발표하지 못하는 것뿐이다. "의견"은 전이해보다 한걸음 더 의식의 세계로 나타난 것이라고 할 수 있다. 이 의견은 얼른 대수롭지 않은 것처럼 생각될지 몰라도 그것은 우리의 지식을 일정한 각도에서 끌어모으고 해석하고 또한 다른 의견과 대결하고 관철되기도 하고 비판받기도 한다. 그리고 인간의 인식의 하나의 전제가 된다.

  그런데 전통적인 철학은 우리가 여기에서 "의견"이라고 말하는 것을 확실한 인식과 대립시키고 구별해서 배척하기만 했다. 희랍철학은 "에피스테메"(episteme)와 "독사"(doxa)를 구별해서 철학이 추구하는 지식은 에피스테메이고 독사는 불확실한 대중적인 의견이라고 했다. 그후 철학은 언제나 이 "독사"를 무시했다. 불확실하고 근거없는 대중들의 지식 그것은 단순한 의견이며 단순한 생각이라는 것이었다. 그러나 만약 인간의 인식이 처음부터 절대적인 확고부동한 기점에서 출발해서 이론적인 인식을 위해서 마련된 백지와 같은 의식 위에 전개되는 것이 아니고 절대적인 출발점 없이 우리의 삶의 세계 안에서 우리의 실천적인 행동과 더불어 순환적으로 전개되는 것이라면 이 독사 곧 의견이 한결 중요한 의미를 갖는다. 왜냐하면 의견에서 앎이 전개되기 때문이다.

인간은 언제나 윤리적인 정치적인 종교적인 의견들을 갖고 있다. 일반적으로 말해서 그의 이웃들과 그의 삶에 관한 의견들을 갖고 있다는 것이다. 그런데 이러한 의견들이 중요하다는 것은 전이해와 마찬가지로 그것들이 일상생활을 조종하고 그의 관심을 일정한 방향으로 돌려서 새로운 경험을 지배하고 일정한 방향의 지식을 얻게 하고 그것을 그 나름대로 해석하고 하기 때문이다. 의견의 이러한 역할들은 거의 자동적으로 일어난다. 이렇게 아무 문제 없이 우리가 받아들여서 가지고 있는 의견들의 세계에 우리의 앎의 작업은 뿌리박고 있다. 전통적인 철학이 업신여겼던 그러한 의견들의 세계가 우리의 앎의 근원이라는 것이다. 우리는 여기에서 다시 한 번 데카르트의 명상록의 첫부분을 회상해 보자. 그는 언제나 지금까지 옳다고 생각하고 있었던 것 곧 "의견"으로부터 출발했었다. 그러나 데카르트가 여기에서 말한 바와 같이 인간은 그의 의견들의 자명성에 있어서 흔들리게 된다. 내가 당연하다고 생각하고 있었던 그 의견의 자명성이 흔들리고 그것들이 의심스럽게 될 경우가 있을 수 있다는 것이다. 많은 의견들이 삶의 새로운 경험을 통해서 틀렸다는 것이 드러난다. 이 틀린 의견들은 우리의 앎의 작업에서 역시 잘못된 선입관으로 작용한다. 여기에서 지금까지 당연하다고 생각되고 자동적으로 우리의 삶을 조종하고 있었던 의견들을 검토하고 비판하고 잘못된 것을 수정하고 선입관을 배제하고 하는 과제가 필요하게 된다. 이것은 곧 단순한 의견들에서 확실한 지식으로 전개되는 앎의 과정을 의미한다. 그러나 이른바 의견들이 비판받는다는 것은 우리가 처음부터 그것을 배제하고 출발할 수 있다는 것을 의미하지 않는다. 우리의 자연스러운 단순한 의견들은 전이해나 버릇과 마찬가지로 불가피하게 언제나 주어져 있으며 따라서 언제나 우리의 앎을 조종하는 역할을 한다. 의견들이 비판받고 반성되어서 확실한 지식으로 전개되는 것은 우리의 앎의 순환성으로 파악되어야 할 것이다.

우리는 여기에서 우선 감성적인 관찰을 통해서 감각을 기반으로 지식을 얻을 수 있는 물질세계의 문제를 뒤로 미루고 윤리적인 정치적인 종교적인 지식들 곧 우리의 정신적인 세계의 문제를 생각해보자. 실증주의적인 경향의 사람들은 우리의 정신적인 세계에 속하는 윤리적인 정치적인 종교적인 지식들을 이른바 과학적인 지식에서 배제해 버리려고 한다. 그리고 그들은 이러한 정신적인 세계에 속하는 지식들을 단순한 주관적인 의견들로 남겨두려고 한다. 우리의 삶의 질서와 그 정신적인 내용을 이룩하는 이러한 지식들을 단순한 주관적인 의견들로만 취급하는 태도는 너무 편협하고 일방적일 뿐만 아니라 참으로 무책임한 태도이다. 이에 대해서 우리는 정신적인 세계에 속한다고 할 수 있는 윤리적이고 정치적이고 종교적인 지식들뿐만 아니라 물질적인 세계에 대한 이른바 과학적인 지식도 우리의 자연스럽고 단순한 의견들을 기반으로 해서 거기에서 특수한 형태로 발전된 지식이라는 것을 주장한다. 그러므로 우리는 전체적인 지식들과 포괄적인 앎의 현상을 다루는데 있어서 이러한 윤리적이고 정치적이고 종교적인 지식들을 매우 중요한 영역으로 생각하고자 하는 것이다.

우리는 종래 철학이 모든 단순한 의견들을 배제해 버리고 하나의 확고부동한 기점으로부터 확실한 지식을 새로이 전개하려고 하는 그러한 시도를 단념하고 앎의 현상의 순환성의 원리에 의해서 앎의 본질을 추구하려는 것이다. 이것은 다음과 같은 것을 의미한다.

모든 지식은 의견에서 나오고 따라서 모든 지식은 의견에 근거하고 있다. 먼저 우리는 우리의 일상적인 삶의 이해 속에 도덕적인 정치적인 종교적인 의견들, 이웃에 대한 의견들, 생활에 대한 의견들을 갖고 있다. 그런데 이러한 의견들은 삶의 상황의 변화와 더불어 이 자명성, 자동성을 잃게 될 때 필연적으로 반성되고 비판되고 한다.

그런데 이런 비판은 언제나 나의 모든 의견들의 전체를 한번에 대상으로 하는 것이 아니고 해당하는 일정한 부분만 대상으로 한다. 삶의 상황의 변화에 따라서 의심스럽게 된 부분만 대상으로 한다는 것이다. 데카르트가 한번에 모든 것을 의심해 보려고 한 것은 비현실적인 관념적인 시도로서 실제로는 있을 수 없는 일이다. 의심스럽게 된 특정한 의견들이 반성되고 비판되는 동안 다른 부분의 의견들은 여전히 자동적으로 우리의 앎과 삶에 작용한다.

그러므로 우리의 자연스럽고 단순한 의견들을 전체적으로 뒤집어서 확실한 지식들로 전환시킬 수는 없다. 언제나 많은 부분들이 단순한 의견으로서 자명한 배경으로 남는다. 이 배경에서 늘 좁은 비판된 확실한 지식의 영역이 드러난다. 삶의 상황이 변화해서 의심스럽게 되었는데도 반성되지 않고 남아 있어서 잘못된 작용을 하는 의견들을 고루한 선입관이라고 할 수 있다. 그런데도 많은 사람들, 많은 철학자들이 이러한 의견들의 세계에 살면서 때로는 선입관들에 사로잡혀서 있을 수가 있다. 반성되고 비판된 지식을 빙산의 일각이라고 하면 그 밑에는 거대한 모습의 많은 의견들과 전이해들이 대해 속에 남아 있다. 모든 인간은 그의 앎과 삶의 큰 부분에 있어서 이 의견들과 버릇들과 전이해에 의존하고 있으며 그의 의식의 첨단에 있어서만 확실한 비판된 지식에 의존한다.

그리고 더욱 중요한 사실은 이러한 비판된 확실한 지식도 결코 결정적인 것이 아니라는 것이다. 그것은 다시 단순한 의견으로 변화해서 새로이 반성되고 비판되어야 한다. 그러므로 단순한 자연스러운 의견과 확실한 비판된 지식 사이에 결정적인 경계선은 없다. 절대적으로 확실한 지식은 없으며 다만 그 확실성의 정도가 문제이다.

단순한 의견들을 확실한 지식들로 옮기는 이러한 비판의 작업을

우리는 18세기의 정신생활을 지배한 "계몽"이라는 말로써 표현할
수 있다. 그러므로 계몽주의라는 것은 사실은 모든 개인에게 있어
서 늘 일어나는 반성과 비판의 작업을 일반화한 것이라고 할 수 있
다. 그러므로 계몽이라는 개념은 처음부터 하나의 인식론적인 그리
고 해석학적인 개념인 것이다. 그러면서도 우리의 이 인간학적이고
해석학적인 지식론을 위해서 매우 큰 의미를 가졌다고 할 수 있다.
왜냐하면 계몽되는 것은 어떤 사실이나 지식만이 아니고 인간 자체
이기 때문이다. 의견들과 선입관들을 반성하고 비판해서 확실한 지
식을 얻는 것이다. 따라서 "계몽"은 해석학적인 개념이라고 할 것
이다. 계몽에 있어서는 이미 존재하고 있는 의견이 전제되어 있다.
그런데 계몽에는 굳은 전통의 압력과 고루한 선입관의 구속에서 벗
어나서 확실한 지식에 이르려는 의지가 함께 작용한다.

그런데 이제 우리가 알아보아야 할 것은 그렇게 반성되지 아니하
고 비판되지 아니한 체 남아 있는 자명적이고 자동적인 의견들의
성격은 어떤 것이며 어떠한 경과를 통해서 그것이 반성과 비판의
대상이 되는가 하는 문제이다.

우리는 먼저 이러한 "의견"의 본질이 어떤 것이며 그것이 인간의
삶에서 어떻게 작용하는가를 알아보아야 하겠다. 여기에서 "의견"
이라고 하는 것은 반성되고 비판되고 증명된 지식 이전에 사람들이
단순하게 가지고 있는 생각을 말한다. 따라서 의견은 거의 구속성
이 없다. 이런 의미에서 일반화되고 사회화된 의견을 "여론"이라고
한다. 그런데 여론은 그 사회 안에 있는 모든 개인의 삶을 크게 지
배한다. 우리는 여론에 인위적인 영향을 줄 수도 있다. 그래서 여론

을 형성하기도 하고 여론을 조작하기도 한다. 여기에서 현대의 이른바 매스콤의 놀라운 힘이 나타난다. 그러면서도 인간은 일반적인 여론과는 대립되는 개인적인 의견을 가질 수도 있다.

일반적인 여론이 인간의 정신적인 역할과 행동에 미치는 힘은 참으로 크다. 인간이 그의 환경과 조화를 이룩해서 사는 것처럼 정신적으로는 일반적인 여론과 조화해서 살아간다. 우리가 만약 어떤 개인에게 왜 그가 지금 생각하는 것처럼 그렇게 생각하게 되었는지 물으면 전연 대답하지 못할 경우가 많다. 그리고 그는 그 질문 자체가 의미가 없는 것으로 느낄 때가 많다. 왜냐하면 그는 그 의견을 스스로 형성한 것이 아니고 그저 주위에서 받아들인 것이기 때문이다. 그는 어릴 때부터 자명하게 그것을 받아들였기 때문에 스스로 그것을 주위에서 받아들였다는 것을 의식하지 못한다. 그런데 그는 그가 주위로부터 받아들인 그것들을 통해서 그의 주위 세계와 조화를 이룩한다. 우리는 부모에게 효도를 해야 한다고 생각한다. 스스로 꼭 큰 효도를 하지 못하더라도 그렇게 생각은 한다. 왜 효도를 해야 하느냐는 질문은 무의미하다. 우리는 어릴 때부터 이 윤리적인 의견을 당연한 것으로 받아들였다. 우리는 우리가 그 속에 살고 있는 사회의 일반적인 의견을 받아들임으로써 우리 사회와 조화를 이룩하고 살 수 있다. 효도를 하지 않아도 된다고 생각하는 사람은 우리 사회와 조화를 이룩하고 살 수는 없다. 자식은 부모에게 효도를 하는 것이 당연하다고 하는 윤리적인 의견도 넓은 의미에서의 여론과 마찬가지다. 모든 평범한 개인들은 일반적인 여론을 받아들임으로써 그의 주위환경과 조화해서 살 수 있다.

실존철학자 야스퍼스(Karl Jaspers)는 다음과 같이 말한다. "소박하고 문제 의식이 없는 존재는 그 자신의 의식을 그를 둘러싸고 있는 사람들의 일반적인 의식과 합치시킨다. 다시 말하면 소박한 존재로서의 나는 주위의 사람들이 하는 대로 하고 주위의 사람들이 믿는 대로 믿고 주위의 사람들이 생각하는 대로 생각한다. 의견들과 목적들과 불안들과 기쁨들은 한 사람에게서 또 다른 사람에게로 전달되어 간다. 이것은 모든 사람들을 연결하는 근본적인 그러면서도 무의식적인 동일화의 작용이기 때문에 개인들 자신은 이것을 깨닫지 못한다."[1] 일반적인 소박한 사람들 사이에는 대립이나 긴장관계가 있을 수 없다. 그들은 서로 미워하고 서로 싸울 수는 있지만 그러나 그러한 싸움도 공동적인 의견들의 매개체 속에서 일어난다. 이 공동적인 매개체 속에서만 그들은 움직인다. 인간은 본능적으로 개인의 이권을 추구할 수 있지만 그가 행하고 아는 것은 모두 공동적인 것이다. 그 자신의 존재의식이 공동적인 것 속에 근거하고 있다. 특수한 문제의식이 없는 이와 같은 소박한 존재형식은 단순한 추상적인 철학이 그려낸 산물이 아니다. 군중심리학이 경험과학적으로 연구해낸 사실적인 존재형식이다. 그런데 이러한 사실이 앎의 본질을 추구하는 우리의 이 연구를 위해서 무엇을 의미하는가. 우리는 인식을 개인의 실천적인 행동과 그의 삶에 근거해서 유도해내는 것만으론 부족하다. 우리는 인간존재의 사회적인 대중적인 상태에까지 내려가서 거기에 뿌리박고 있는 인식의 근원을 밝혀내야 한다. 다시 말하면 모든 인식은 하나의 집단적인 생활체에 뿌리박

---

1) Karl Jaspers, *Philosophie*, Berlin 1932, 2Bd, S. 51.

고 있다. 그러므로 거기에서부터 파악되고 이해되어야 한다. 우리의 인식이 이러한 집단적인 생활체에서 분리되고 또 그 집단적인 생활체에서 대립될 경우에 있어서도 역시 그러한 배경으로부터 파악되고 이해되어야 한다는 것이다. 이렇게 일반적인 의견 곧 여론으로써 주어져 있는 이해는 인류의 집단적인 경험이라고 할 수 있다. 그리고 이러한 집단적인 경험은 야생적이고 원시적이고 소박한 경험에 근거한 것일 수도 있다. 그런데 문제는 이러한 집단적인 경험의 매개 속에서 어떻게 그 집단적인 경험을 확인하기도 하고 더 철저화하기도 하고 수정하기도 하고 때로는 대립하기도 하면서 개인의 의견이 형성되느냐는 것이다. 역사적인 시회적인 존재로서의 인간이 그 사회가 이어받은 역사적인 전승과 대결하는 방식이 어떤 것이냐는 것을 의미한다. 우리는 여기에서 다시 순환구조를 발견한다. 집단적인 경험으로서의 일반적인 여론은 이미 사실로서 존재한다. 그리고 이러한 일반적인 여론은 이미 모든 개인의 정서적인 역할과 행동의 기반으로서 먼저 주어져 있다. 이것을 기반으로 하고 이것의 제약을 받으면서 그리고 때로는 이것과 대결하면서 개인의 의견이 성립된다. 우리는 이러한 집단적인 경험으로서의 일반적인 여론을 처음부터 잘못된 근거없는 성질의 것이라고 생각할 수는 없다. 그것은 우리의 앎의 근원이고 또한 기반이다. 거기에서 우리의 앎이 자라난다.

물론 이러한 집단적인 경험으로서의 일반적인 여론이 경화해서 굳은 선입관이 될 수도 있고 이 사람에게서 저 사람에게로 옮아가는 근거없는 요설이 될 수도 있다. 요설(饒舌)이라는 것은 사람들의 입에 오르내리는 말들을 아무런 생각도 경험도 없이 그대로 지껄이고 전달하는 것을 말한다. 그런데 이러한 요설은 인간의 집단생활체 안에서의 대중적인 일반적인 현상이다. 요설에는 처음부터 비윤리적인 성격이 내재해 있다. 하이데거는 이 요설(Gerede)을 인간의 "비본래성"(Uneigentlichkeit)의 징표라고 했다. 그런데 이미 말한 바와 같이 집단적인 경험으로서의 일반적인 여론 곧 인간의 모든 정신적인 역할들의 기반이며 앎의 근원인 사회적인 전이해로서의 일반적인 의견을 모두 비윤리적인 성격의 것이라고 생각해서는 안 된다. 그것은 바로 한 사회가 이어받아 내려 오는 윤리관의 기반이기도 하기 때문이다. 윤리적인 판단이 그 기반을 전제로 하기 때문이다.

10

반성과 비판

집단과 개인의 대결 / 나의 나 자신과의 대결 / 위기와 인식

집단적인 삶을 기반으로 하는 일반적 여론의 형태와 그 기능을 우
리는 지금까지 살펴보았는데 이제 우리가 알아보아야 할 문제는 이
와 같은 전이해 버릇 혹은 의견 등을 토대로 해서 어떻게 확실한 지
식이 얻어질 수 있느냐는 것이다. 참다운 지식은 이미 서양 고대철
학에서 주장된 바와 같이 단순한 의견과는 다르다. 의견이라는 것
은 틀릴 수도 있고 또한 우연히 옳을 수도 있다. 그러나 지식은 구
속력을 가져야 하며 모든 반대에도 불구하고 스스로를 증명할 수
있어야 한다. 그러므로 지식은 인간에게 우연히 주어지는 것일 수
는 없다. 지식은 노력에 의해서 습득되어야 한다. 지식은 인식의 과
정을 통해서 얻어진다. 그러면 인간은 어떻게 해서 확실한 지식을
얻게 되는 것인가.

이 문제를 인간학적인 과학에 의해서 달리 표현하면 인간은 어떻
게 해서 그에게 지금까지 자명한 것으로 생각되었던 의견들의 정당

성을 의심하고 하나의 확실하고 근거있는 지식을 얻으려고 노력하게 되는가 라는 것이다. 우리는 이 문제를 더 명확하게 다루기 위해서 여기에서 말하는 지식의 성격을 우선 규정해 두자. 여기에서 말하는 지식은 이미 존재하는 세계관에 의해서 아무 문제없이 받아들여질 수 있는 사실적인 지식이 아니고 삶의 이해의 일반적인 지평에 속하는 지식을 말한다. 우리가 의견이라는 개념으로 표현한 그지평에 속하는 지식 말이다. 하나 하나의 사실적인 지식은 언제나 대체로 이미 존립하는 세계관에 문제없이 흡수되고 문제없이 받아들여진다. 여기에서 우리가 말하는 것은 그러한 사실적인 지식들을 비로소 가능하게 하는 기반으로서의 지평에 속하는 지식 말이다. 그런데 인간은 어떻게 해서 지금까지 자명하고 당연한 것으로 받아들였던 모든 생각들과 의견들의 정당성을 갑자기 의문시하게 되느냐는 것이다. 달리 말하면 어떻게 해서 인간이 지배적인 여론에 대해서 무의식적으로 이에 조화하려는 대신에 그 정당성을 시험하고 자기 자신이 주위의 압력에 대해서 형성한 의견을 집단적인 여론에 대립시키게 되느냐는 것이다.

우리는 여기에서 다시 이 문제를 세분해야 될 것 같다. 어떻게 해서 인간이 확실한 지식을 습득하게 되느냐는 문제에 앞서서 먼저 어떻게 해서 인간이 집단적인 여론에 조화되는 의견들에 머물러 서 있지 않고 이에 대립해서 자기 자신의 의견을 형성하게 되느냐는 문제가 제기된다. 인간은 스스로의 책임 있는 결단을 통해서만 집단적인 여론에 대립되는 자기 자신의 의견을 형성할 수 있다. 그러므로 의견이라는 것은 이 경우에 있어서도 어떤 특수한 개인과 연결되어 있고 그 개인의 것이며 그 개인이 책임지는 것이다. 그러나 지식이라는 것은 그러한 개인에 의한 구속에서 해방되어 일반적인 타당성을 표방하고 모든 사람들에 대해서 똑같이 구속력을 갖는다. 그러면서도 개인이 스스로의 책임 아래서 형성한 의견과 확실한 지식 사이에는 공통성이 있다. 왜냐하면 스스로의 책임 아래서 형성된 의견은 늘 주위에 있을 수 있는 다른 의견들과 대결하게 된다. 그런데 만약 나 자신의 의견이 모든 이성적인 대화에 대해서 문을 닫고 있는 맹목적인 고립이 되지 않으려면 그리고 다른 의견들의 도전에 대해서 자신을 관철하려면 확실한 지식 속에 근거를 갖고 있어야 한다. 그런데 개인의 의견이라는 것이 얼마나 완전히 확실한 지식에 근거할 수 있는가 또는 거기에는 역시 합리화할 수 없는 개인적 결단이 함께 작용하고 있는 것이 아닌가의 문제는 뒤로 미루고 어떤 개인이 집단적인 일반적인 여론과 대립되는 의견을 가질 때는 적어도 그 근거를 제시할 수 있어야 한다.

집단적인 의견 혹은 일반적인 여론의 압력에 대항해서 스스로의 의견을 형성한다는 것은 언제나 긴장된 노력을 필요로 한다. 집단적인 의견에 대항해서 스스로의 의견을 관철한다는 것은 위험을 동반하는 일이기도 하다. 왜냐하면 집단적인 의견은 파문을 일으키는 그러한 귀찮은 존재를 그대로 두지 않으려고 하기 때문이다. 물론 현대사회는 이단자를 처형하지는 않지만 눈에 보이지 않는 그러면서 강하게 작용하는 수단으로 다른 의견들을 가진 이단자를 제재한다. 집단적인 의견과 대립되는 자기 자신의 의견을 발표하지 않고 마음 속에 간직하고 있기만 하는 것도 역시 쉬운 일이 아니다. 집단적인 의견과 일반적인 이론의 태두리 안에서만 움직이는 것이 편리하기 때문에 이에 대립되는 스스로의 의견을 형성한다는 것은 안일한 타성을 타파하는 것을 의미하기 때문이다. 칸트는 이미 "계몽주의가 무엇이냐"는 글 가운데서 얼마나 많은 사람들이 계몽되지 아니한 미성숙의 상태에서 만족하고 평안을 느끼는지 모른다고 했다. 스스로의 자립적인 의견을 형성한다는 것은 언제나 어렵고 위험한 일이다. 그것은 결단과 노력과 용기를 필요로 한다. 그러므로 사람들은 안일하게 그의 주위 환경에 널리 퍼져 있는 집단적인 의견들의 흐름 속에 머물러 있기를 좋아한다. 그러나 집단적인 의견이나 일반적인 여론이 그 고루한 성격 때문에 이미 변화된 상황에 대응하지 못할 때는 그 새로운 상황 자체가 필연적으로 그러한 경화된 집단적인 의견과의 대결을 불가피하게 만든다. 여기에선 대결과 도전이 발전을 위해서 길을 닦는 역할을 하게 된다. 인간은 결코 단순한 호기심에서 집단적인 의견이나 일반적인 여론에 도전하려고 하지 않는다. 깊은 필연성이 그를 강요할 때만 그는 주위의 지배적인 의견에 대립해서 스스로의 의견을 형성한다. 그는 지배적인 의견의 압력이 부당하며 자기 자신의 의견이 정당하고 따라서 그러한 압력과 싸우는 것은 신성한 의무라고 느끼게 된다. 이것은 이미 윤리적인 대결이며 싸움이다.

이렇게 변화된 상황에 적응하지 못하고 발전을 저해하는 경화된 집단적인 의견을 선입관이라고 할 수 있다. 우리는 보통 선입관이라는 말을 개인과 연결시키지만 선입관의 본적은 집단이다. 집단의 그러한 고루한 의견을 개인은 안일하게 받아들인다. 물론 개인이 그의 특수한 삶의 상황 때문에 특수한 선입관을 가질 수가 있다. 이 경우도 역시 변화된 상황에 개방적으로 대응하지 못하고 삶의 낡은 관련 구조에 얽매여 있기 때문에 그것은 선입관이 된다. 그런데 이렇게 집단적인 의견이 경화된 하나의 선입관이 되고 여기에서 필연적으로 갈등이 일어나게 되면 비판의 정신이 요구된다. 곧 지금까지 지배적이었던 의견들을 반성하고 재검토하게 된다. 자명하게 타당한 것으로 믿어져 왔던 것이 이제는 비판적인 검토를 받게 된다. 그러나 기존 사회의 타당성은 언제나 지금까지 타당하다고 믿어져 왔던 집단적인 의견들의 보존을 원한다. 여기에서 선입관에 사로잡힌 사람들의 고집의 무서운 힘이 어디에서 온 것인가를 이해할 수 있다. 그들은 이미 존립하고 있는 질서가 파괴되는 것을 보고 있으려고 하지 않는다. 그리고 지금까지의 안정을 뒤흔들어 놓는 모든 요소들을 근본적으로 억눌러 버리려고 한다.

이미 낡은 집단적인 의견, 이미 경화된 일반적인 여론, 새로운 발견을 저해하는 선입관과의 싸움은 큰 윤리적인 과제다. 이 모든 역사의 발전과 모든 해방의 길은 다만 선입관에 대한 비판에 있어서만 이루어진다. 이러한 과제를 시대적으로 크게 성취한 것이 계몽주의였다. 그러나 물론 인간을 모든 선입관으로부터 해방시킨다는 것은 불가능한 일이다. 왜냐하면 오늘 일반적으로 통용되는 의견이 내일 변화된 상황 아래서는 선입관이 되어버리기 때문이다. 다만 발전과 쇄신에의 의지를 꺾고 새로운 생각들을 억누르려는 그러한 선입관, 특히 다른 사람들에게 행동과 말과 사상에 있어서 해를 끼치는 그러한 선입관은 즉시 발견되고 배제되어야 한다. 그런데 우리는 이러한 선입관을 배제하는 비판적인 작업을 통해서 비로소 확실한 근거있는 지식을 얻을 수가 있다.

우리는 지금까지 이미 낡은 그리고 경화된 집단적인 의견들에 대해서 개인이 대결하는 현상을 살펴보았다. 여기에서는 싸움은 진보적인 개인과 타성적인 집단 사이에서 일어났다. 그러나 우리가 한 걸음 더 깊이 들어가서 개인이 자기가 지금까지 당연하고 자명한 것으로 믿고 그것에 의존해서 살고 있었던 의견들과 생각들을 이제 스스로 반성하고 비판하는 경우를 생각해 보면 사태는 더욱 심각해진다. 여기서는 싸움은 개인과 집단의 대결이 아니고 나와 나 자신과의 대결이다. 이 싸움은 자아 반성 혹은 자아 비판의 형식을 취한다. 이 싸움은 하나의 지성적인 호기심에서 일어날 수 있는 대결보다도 매우 심각한 성격을 가졌다. 그것은 한 인간의 실존의 뿌리와 접촉될 수 있는 심각성을 갖는다. 그러므로 인간은 그의 삶의 기반을 뒤흔들어 놓는 그러한 자아 반성 곧 지금까지 그가 그것을 기반으로 생각을 전개시키고 행동을 결정하고 했던 그러한 의견들의 비판을 단순한 지적인 관심이나 욕구때문에 시작하지는 않는다. 인간은 다만 그의 삶의 길이 진퇴유곡에 빠졌을 때 이대로는 더 나갈 수 없는 상태에 놓였을 때 어찌할 수 없이 스스로의 지금까지의 의견들을 반성하고 비판하게 된다.

이러한 진퇴유곡의 상황, 막다른 골목에 이른 길, 전환점에 선 삶을 우리는 "위기"라고 표현할 수 있겠다. 이러한 위기가 바로 인간으로 하여금 그가 지금까지 그 위에 발 딛고 서 있던 기반으로서의 생각들과 의견들을 비판하게 만든다. "위기"(crisis)와 "비판"

(critic)은 원래 같은 희랍말 어원에서 나온 말들이라고 한다. 위기와 비판은 서로 밀접한 관계를 갖고 있다. 비판은 위기의 산물이다. 모든 것이 자동적인 궤도를 따라서 자명적으로 움직이고 있으면 비판은 발붙일 곳이 없다. 전이해의 밑바닥이 흔들리고 버릇의 자동성이 멈추고 의견의 당연성이 깨어지게 될 때 비판 정신이 나타나서 일이 시작한다. 이것은 다시 인간의 지식이 빈 공간에서의 관념적인 작업을 통해서 얻어지는 것이 아니고 구체적인 삶의 상황 안에서의 특수한 역할을 통해서 얻어지는 것이라는 것을 증명하는 것이 된다. 그러므로 "비판"이라는 것은 처음부터 인식론적인 의미뿐만 아니라 윤리적인 의미도 가졌다.

그런데 이러한 위기는 인간의 삶에 있어서 결코 외부적이고 우연적이고 회피할 수도 있는 것으로 이해되어서는 안 된다. 위기는 인간의 삶의 본질에 속하는 것이다. 볼노브는 위기를 인간의 삶의 불완전성의 표현이 아니고 삶의 완전성의 표현이라고 했다.[1] 위기들의 시련을 통해서만 인간은 본래적인 책임있는 실존에 이른다. 그리고 인간은 삶의 그러한 위기들의 시련을 통해서만 성숙해지고 완전성에 도달한다. 이런 의미의 위기야말로 인간 존재를 다른 동물들로부터 구별하는 것이다. 그러므로 위기를 모르고 흘러가는 삶은 절대적인 완전성의 표현이 아니고 오히려 인간의 참다운 위대성과 책임성의 단념을 의미하는 것이며 다만 비인간적인 단순한 유기적인 삶의 표현인 것이다. 이렇게 인간 존재를 위해서 큰 의미를 가진 위기는 인간의 삶의 본질을 밝히는 데도 큰 의미를 가졌다.

---

1) O. F. Bollow, *Krise und neuer Anfang.* S. 9.

경화된 고집으로 변한 종래의 의견이 위기를 통해서 무너지고 비판을 통해서 새로운 지식을 이룰 수 있는 길이 열리게 된다. 위기는 폐쇄적인 자아의 극복을 의미하며 초주관적인 진리를 위한 개방을 의미한다. 위기는 인간을 굳은 아집으로부터 해방시켜 공동의 이성에로 되돌아가게 한다. 이런 의미에서 위기는 인간의 공동생활을 위해서 봉사한다.

인간이 지식을 얻는다는 것, 인간이 무엇인가를 알게 된다는 것은 그 본원적인 현상에 있어서는 삶의 위기와 관련된 것이다. 아무 문제도 없이 자동적으로 돌아가는 삶에 있어서는 인간의 사유는 잠자고 지성은 시들고 아무 반성도 아무 비판도 있을 수 없다. 참다운 삶 참다운 깨달음은 언제나 인간을 그의 무거운 타성과 대결하게 만들고 다시 고쳐 배우게 하고 종래의 안일한 생각들이나 의견들을 지양하게 한다. 우리의 삶의 가장 내적인 핵심에 부딪치지 않는 인식 우리의 삶에 대해서 구체적인 영향을 주지 않는 인식은 다만 외부적인 인식이다. 인간은 위기의 강압을 통해서만 참다운 앎과 참다운 깨달음에 이르게 된다. 그리고 깨달음은 언제나 넓은 의미에서 자기 비판을 통한 자아인식이다. 인간의 모든 앎과 참다운 깨달음 그리고 인간의 자아 인식은 그의 삶의 자연스러운 흐름과의 대결에서 나타나는 것이다. 위기의 성격을 띤 이러한 대결을 통해서만 인간은 책임 있는 명확성에 있어서 자기 자신에게 돌아간다. 따라서 앎의 문제는 단순한 인식의 문제만이 아니고 그것은 실존적인 문제이며 또한 윤리적인 문제이다.

지금까지 반성과 비판에 관해서 살펴본 것을 다시 한 번 요약해

보기로 하자. 인간의 인식은 결코 백지로부터 출발하는 것이 아니다. 우리가 그 위에서 새로운 지식을 전개시켜야 할 공간은 이미 존재하고 있는 의견들로 가득 차 있다. 이렇게 이미 존재하고 있는 의견들은 곧 주어져 있는 현실이다. 이 현실 뒤에는 집단적인 삶의 무서운 힘이 밑받침하고 있다. 그러므로 확실한 지식의 획득은 이러한 큰 압력을 가진 의견들에 대한 싸움을 통해서만 가능하다. 이와 같은 의견들 사이의 대결이 곧 본래적인 의미에서의 비판이다. 비판은 잘못된 것을 배제하고 옳은 것을 확인하는 것을 의미한다. 여기에서부터는 하나의 중요한 결론을 얻는다. 곧 앎의 전개는 이어받은 의견과 생각의 비판으로써만 가능하다. 비판이라는 것은 이미 얻은 지식을 다시 확인하기 위해서 추후적으로 첨가되는 작업이 아니고 그것은 본원적인 앎의 작업이다. 비판과 더불어 비로소 우리의 인식은 시작된다. 그리고 비판의 테두리 안에서만 우리의 지식의 체계는 가능하다. 잘못된 의견을 딛고서 옳은 지식이 나타난다. 과학적인 지식이든지 일반적인 지식이든지 그것은 언제나 이미 존재하고 있는 의견들과의 비판적인 대결의 산물이다. 우리가 만약 인간을 인식하는 존재라고 정의한다면 그것은 인간이 비판적인 존재라는 것을 의미한다. 인간의 앎이 곧 비판이라는 것은 우리가 지금까지 말한 앎에 관한 해석학적 이론을 가장 깊이 표현하는 것이 된다. 인간의 참다운 지식은 결코 백지 위에 설정된 하나의 기점에서 무전제로 쌓아올린 것이 아니고 이미 있는 것 그것이 전이해이던 버릇이던 의견이던 그것을 비판함으로써 얻어진다는 것이다. 전이해 버릇 의견들 곧 이미 있는 생각은 지식의 어머니이고 비판은 지식의 아버지이다.

그러므로 이미 존재하고 있는 의견을 언제나 확실한 지식을 방해하는 장애물이라고 생각해서는 안 된다. 그것은 비판을 불러일으킴으로써 앎의 기반이 되는 것이기 때문이다. 참다운 지식을 얻기 위한 작업의 기반이기 때문이다. 만약 이러한 기반이 없다면 우리의 앎의 작업은 허공을 칠 것이다. 지식은 언제나 이러한 기반을 토대로 해서 비판을 거쳐서 전개 된다.

11

감성적 지각

감각적 인상들 / 표현의 이해 / 객관적인 이해

우리는 지금까지 앎의 기반으로서의 전이해와 버릇과 의견 등의 의미를 살펴보았다. 우리는 여기에서 되풀이 인간의 앎이 백지에서 출발해서 직선적으로 전개되는 것이 아니고 삶의 순환구조 안에서의 비판 작업을 통해서 전개된다는 것을 말했다. 그런데 우리는 여기에서 늘 우선 자연이나 물체의 세계보다는 윤리적이고 정치적이고 종교적인 사상의 세계에 속하는 지식들을 더 생각했다. 그러므로 필연적으로 자연의 세계나 물체의 세계에 대한 지식은 이와는 전연 성격이 다르지 않겠느냐는 의문이 생길 수 있다. 왜냐하면 자연이나 물체의 세계에 대한 지식들은 처음부터 확실한 감성적인 지각을 토대로 하는 것이 아니냐는 것이다. 우리는 이미 감성적인 지각이라는 것도 다른 전체들의 영향을 받지 않는 절대적인 인식의 기점이 될 수는 없다는 것을 말한 바 있지만 여기에는 그 감성적인 지각이 우리들의 삶 속에서는 우리의 앎을 위해서 어떤 역할을 하며 어떤 의미를 가졌는지를 알아보자.

감성적인 지각이 인간의 인식의 전체라는 것은 서양철학이 고대부터 주장해온 것이다.[1] 근세철학에서는 로크가 그의 경험주의 철학의 기본 명제로서 인간의 모든 인식은 감성적인 지각에서 나오는 것인데 이성을 통해서 추후적으로 정리된다고 했다. 콩디악(Condillac)은 인간의 모든 정신적인 역할을 변형된 감각의 소산이라고 했다. 그래서 이러한 경험주의의 하나인 극단한 감각주의(Sensualismus)는 많은 회의주의와 또한 극단한 관념주의의 반향을 불러일으켰다.

우리가 자연과학을 바라보면 감성적인 지각 없이 과학이 있을 수 없다는 것을 알게 된다. 그리고 감성적인 지각에 있어서도 과학을 위해서는 덜 발달되었고 그리고 계량화하기 어려운 후각 미각 청각들보다도 시각이 더 중요시된다는 것도 확인할 수 있다. 곧 우리가 어떤 물질이나 그 작용을 눈으로 볼 수 있을 때 비로소 그것을 인식하게 된다. 그 때문에 현대의 과학을 위해서 중요한 것은 계량화의 전제로서 모든 감각들을 시각으로 전환(Transformation)하는 것이다. 예를 들면 춥고 더운 것을 느끼는 감각을 계량화하기 어렵기 때문에 그것을 수은주의 오르내림으로 전화시켜서 시각으로 보고 계량화할 수 있게 된 것은 가장 대표적인 일종의 이러한 "전환"이다. 정확한 계량화를 위한 이러한 전환 외에도 현대과학을 위해서 특징적인 것은 인간의 감각기능들이 기계를 통해서 크게 확대되어 가고 있다는 것이다. 특히 과학을 위해서 중요한 시각을 위해서는

---

1) 고대철학에서는 주로 Stoiker와 Epikureer가 이것을 강조했다.

여러 가지 우리의 눈으론 볼 수 없는 것들을 인위적인 방법으로 보이게 하는 기술이 발달해 가고 있다.

"감각은 언제나 주어져 있다. 아무도 그것을 부인하지 못한다. 그러므로 감각적인 인상의 내용은 정확한 과학의 전개를 위한 유일한 절대적인 기초이다."[2] 라고 막스 프랑크(M. Planck)는 말한다. 만약 하나의 물리적인 대상이 감각적 인상들에 의해서 파악되지 않는다면 그것은 아무런 인지할 수 있는 표상을 갖지 않았다는 것을 말하는 것이라고 카르납(Carnap)은 주장한다.[3] 그는 개념들의 기반은 경험 속에 주어져 있다고 말하고 경험 내용들을 프로토콜문장(Protokollsatze)이라고 한다. 프로토콜문장들은 타당할 수도 있고 수정될 수도 있는데 그 타당성의 기준은 논리적 실증주의자들에 의하면 경험적 문장들 상호간의 모순없는 합일성이라고 하기도 하고 또는 그 대상에 대한 직접적인 관찰진술을 통한 증명과 확인이라고도 한다. 이렇게 현대 실증주의자들은 감각적인 인상을 표준화해서 이것을 통해서 과학적인 지식을 얻으려고 한다. 그런데 이렇게 표준화된 감각적인 인상이라는 것이 실재하는 세계 그 자체는 아니라는 것은 누구나 인정하고 있다.

이러한 실증주의자들의 주장을 염두에 두면서 우리는 구체적인 삶에서 이른바 감성적인 지각이 어떻게 일어나며 그것이 우리의 앎을 위해서 어떤 의미를 가지고 있고 어떤 역할을 하는가를 알아보기로 하자. 우리가 여기에서 감성적인 지각(Wahrnehmung)이라

2) M. Planck, *Naturwissenschaften*, 1942.
3) R. Carnap, *Der logische Aufbae(u) der Welt*, 1928.

는 것은 감성적인 인상들(Empfindungen)에 의해서 매개된 지각 곧 대상의 파악을 말한다. 그런데 이 "파악"이라는 것이 어떤 성격의 것인지에 대해서 여러 가지로 생각할 수 있다. 그러므로 우리는 여기에서 이 감성적인 지각을 우선 실증주의적인 선입관을 떠나서 그 원초적인 현상에서 관찰해 보아야 하겠다는 것이다. 감성적인 지각이라는 것이 아무 전제 없이 객관적인 대상을 묘사하는 것이라고 생각하는 사람은 오늘날 거의 없다. 칸트는 감성적인 지각 속에는 이미 상상력(Einbildungskraft)이 함께 작용하고 있다는 것을 알고 있었다.[4] 감각적인 인상들을 통해서 매개된 "지각" 그 자체에는 이미 감각이 아닌 상상력이 함께 작용하고 있다는 것이다. 그렇기 때문에 우리는 이 "지각"의 과정을 구체적인 삶의 원초적인 근원으로부터 살펴보아야 하겠다는 것이다.

캇시러(Cassierer)는 인식의 확실한 기반들을 찾기 위해서 우선 감성적인 지각을 살펴 보았다.[5] 그러나 그는 현대 과학을 통해서 특수하게 훈련된 인간의 감성적인 지각에 대한 관찰에서 출발하지 않았다. 그는 먼저 민속학적인 아동심리학적인 연구의 성과들을 분석한 결과 다음과 같은 결론에 이르렀다. 곧 대상들을 감성적으로 지각하는 것이 인식의 근본적인 형식은 아니라는 것이다. 여러 원시 민족들과 아동들은 같은 현실을 먼저 지각하고 그 다음 그것을 각각 다르게 해석하는 것이 아니고 처음부터 서로 다르게 지각한다는 것이다. 만약 우리가 앎의 인간학적인 근거를 찾으려면 이와 같이 서로 다른 여러 가지 지각들을 살펴보아야 한다.

---

4) I. Kant, *Kritik der reinen Vernunft*, A. 20.
5) E. Cassierer, *Philosophie der symbolischen Formen*의 제3권에서 인식의 문제를 다루었다.

칸시러는 지각의 여러 가지 형식들 중에서 가장 근본적인 형식을 "표현의 이해"라고 본다. 우리와 닮은 우리의 상대자인 "너"(Du)로서 나타나는 삶의 표현을 이해하는 것이다. 우리가 지각을 더 원초적인 삶의 형태로 내려가서 관찰하면 할수록 나의 상대자로서의 "너"의 형식이 객관적인 존재로서의 "그것"(Es)의 형식보다 우위성을 갖는다. 다시 말하면 우리가 어떤 대상을 지각할 때 그 대상을 삶에 있어서의 나의 "파트너" 곧 상대자로 보고 그 표현을 이해한다는 것이다. 원초적인 지각은 "그것"의 성격을 인식하는 것이 아니고 "너"의 표현을 이해하는 것이다. 이것은 서로 다른 지각의 형식들이다. 하나의 대상을 나와는 구체적인 관계가 없는 객관적인 존재로 보면서 그것의 성격을 지각하는 것과 그 대상을 나와의 구체적인 관계를 가지고 있는 상대자로 보고 "너"의 표현을 이해하는 것과는 서로 다르다. 그 두 형식 중에서 너의 표현의 이해가 더 원초적이고 본원적이라는 것이다. 더 원초적이고 본원적이라는 것을 원시적이고 비과학적이라고 판단해서는 안 된다. 그것은 더 본질적이고 더 깊은 근본적인 형식이라는 것이다. 이 본질적이고 근본적인 형식에서 다른 형식들이 분리되어 나간 것이다. 그러므로 분리되어 나간 것도 그것을 본질적으로 살피려면 그것이 거기에서 나온 근본적인 형식으로부터 이해되어야 한다.

심리학도 감각적인 인상들이 먼저 있고 그 혼란스러운 인상들이 정리되어서 감성적인 지각이 성립된다는 것을 부인하고 있다. 심리학은 아무데서도 혼란스러운 감각적 인상들의 존재를 발견하지 못하고 다만 언제나 처음부터 정리된 표현지각을 발견할 뿐이다.[6] 어린 아이가 출생한 지 두 달 만에 어머니의 얼굴을 알아보는 것이든지 일년이내에서 웃는 얼굴과 화난 얼굴을 구별하는 것 등은 모두 먼저 감각적인 인상들이 있고 그것들이 정리되어서 지각이 성립된다는 이론을 배격하는 것이다. 어린이는 직접 상대자의 표현을 이해하는 것이다. 그리고 민속학이 우리에게 알려주는 여러 가지 정보들뿐만 아니라 우리 사회에서 아직도 볼 수 있는 샤만적인 세계관 등은 감성적인 지각이라는 것이 언제나 우리의 삶에 있어서의 나의 상대자 전체에 대한 이해와 불가분으로 결합되어 있는 것을 알려주는 것이다. 번개와 뇌성은 먼저 하나의 사실로 지각되고 그리고 그것이 하늘의 노여움으로 해석된 것이 아니고 번개와 뇌성은 처음부터 하늘의 노여움으로 이해되었기 때문에 사람들은 반사적으로 움추려지고 떨게 되었던 것이다. 어린아이들이나 원시민족들뿐만 아니라 우리도 우리의 의식이 삶의 밑바닥에 가라앉아 있고 자연스러운 심정으로 돌아가 있을 때 마당에 내리는 부슬비는 가신님의 슬픈 눈물로 직접 지각될 수가 있다. 이런 의미에서 원초적인 지각에 있어서는 객관적인 그것의 인식보다 삶의 상대자로서의 너의 표현의 이해가 앞선다.

그러면 이와 같은 원초적인 상태 곧 상대자로서의 너의 표현의 이해에서 어떻게 대상의 객관성을 깨닫는 길이 열리게 되었을까. 캇시러는 먼저 그것을 언어의 역할이라고 생각한다. 언어에 담겨서 비로소 하나의 현실이 대상화되고 유동적인 체험이 하나의 틀에 담기게 되고 모호한 이해가 일정한 형식을 갖게 된다. "언어의 매개에

---

6) Bühler, Stern, Koffka 등의 연구.

있어서 비로소 무한히 다양하고 이리저리 움직이는 우리의 표현체험들이 고정되게 된다. 언어의 매개 안에서만 그것이 일정한 형태와 이름을 갖는다."[7] 여기에서 객관적인 인식에의 길이 출발한다. 언어의 여러 가지 기능들 중에서 대상을 늘 움직이는 현상으로부터 분리시켜서 고정시키고 하나의 다른 의식 차원에로 넘어가게 하는 이러한 기능을 "상징 기능"이라고 할 수 있겠다. 언어는 사회적인 역사적인 초개인적인 기구이며 따라서 초주관적인 형식을 가졌다. 그러므로 언어는 주관적인 이해를 그 객관적인 형식에 담아서 객관화한다는 것이다. 언어의 이러한 기능은 이미 단순한 감성적인 지각을 위해서도 중대한 의미를 갖는다. 모든 지각은 일단 언어의 매개를 통해서 성립된다고 하면 여기에서 다시 중요한 결론이 나온다. 곧 감각적인 인상들에 의한 지각이 다른 어떠한 요소나 전제에 의해서 영향되지 않은 채 순수하게 인식의 기초가 될 수 있다는 이론은 이미 성립되지 않는다. 이미 감성적인 지각 자체가 언어에 의해서 제약되고 있는 것이다. 그리고 이 언어의 기능을 시발점으로 한 인식의 객관화도 결코 보편적이고 절대적인 것이 아니다. 왜냐하면 언어는 하나가 아니고 여러 가지이며 그 언어 공동체의 역사에 따라서 모두 서로 다른 형식과 구조와 내용을 가졌기 때문이다. 우리가 감성적으로 지각한 현실은 이미 특수한 언어에 의해서 해석된 현실이다. 해석되지 아니한 현실을 우리는 모른다. 왜냐하면 지각 그 자체 곧 그것이 고정적이고 객관적인 지각이 되면서 이미 언어가 함께 개입하고 있기 때문이다. 감성적인 지각도 언어에 담기

7) E. Cassierer, *Philosophie der symbolischen Formen*, 3 Teil,
   Phänomenologie der Erkenntnis, Berlin 1929, S. 90.

면서 비로소 객관적으로 확실하게 인식되기 때문이다. 언어와 사유의 관계는 뒤에 다시 자세히 다룰 것이다.

만약 이와 같이 감성적인 지각에 이미 우리의 삶의 공동체의 언어가 함께 작용한다면 감성적인 지각이라는 것도 결코 종래의 감각주의가 생각한 것처럼 백지 위에 모여진 감각적인 인상들만이 다른 전체의 개입없이 정지되어서 성립되는 것은 아니라는 것이 드러난다. 그리고 앞에서 말한 바와 같이 형태심리학의 연구에 의하면 감성적인 지각도 역시 그 대상의 전체적인 형태에 대한 전이해에 의해서 영향된다는 것이다. 상상력이 이미 감성적인 지각에 작용한다는 칸트의 주장도 이와 관계가 있다. 그러므로 다시 해석학적인 원리에 의해서 감성적인 지각도 우리의 인식을 위한 절대적인 기점이 될 수 없다면 우리는 그것을 역시 삶의 순환적인 구조 안으로 들여서 살펴보는 것이 좋을 것으로 생각된다. 이미 전이해에 의해서 자명하고 버릇에 의해서 익숙한 세계 안에서의 삶으로부터 출발해서 그 감성적인 지각이 어떤 의미 있는 역할을 하는 것인가를 살펴보자는 것이다.

감성적인 지각은 환경의 변화에 대응하는 생물학적으로 합목적적인 작용이라고 한다. 이것은 인간뿐만 아니라 다른 동물에게 있어서도 그러한 것이다.

만약 우리가 아주 익숙한 골목길을 거의 자동적으로 걸어간다면 우리는 거기에서 아무것도 못할 것이다. 한두 가지 표지들 그것도 거의 의식되지 않는 표지들이 우리의 다리의 방향을 조종해 준다. 그리고 다른 모든 것은 마치 그림자처럼 지나가버린다. 지각하다는 것은 일상적인 자명한 질서를 벗어난 것을 알아차린다는 것을 의미한다. 그리고 마약 우리가 거리에서 하나의 목표만을 바라보고 걸어가고 있으면 주위에 있는 집들이나 사람들을 거의 지각하지 못한다. 하나의 생각에 전념하면서 걸어가도 마찬가지다. 이럴 때 주위에 있는 집들은 다만 나의 길을 제한하는 희미한 표지들에 불과하다. 마주치고 지나가는 사람들도 우리는 엄밀한 의미에서 그들을 지각하는 것이 아니다. 다만 지나가는 희미한 그림자들에 불과하다. 그리고 그 그림자들을 피하기 위해서 우리는 거의 무의식적으로 반응한다. 그러나 건널목에서의 붉은 신호등 그리고 나를 향해서 질주하는 자동차 이런 것은 분명하게 지각한다. 우리는 다만 우리의 행동을 위해서 필요한 만큼 지각한다. 달리 말하면 지각은 환경 안에 있어서의 나에게 관계된 변화에 대한 첫 반응이라고 할 수 있다. 그리고 지각은 그러한 변화에 대한 나의 대답을 제약한다. 지각은 그러한 변화에 대한 나의 대답으로서의 행동으로 연결된다. 이런 의미에서 우리는 지각을 우리의 잠자는 의식을 두드려주는 붉은 신호이며 이것은 나의 대응적인 행동을 불러일으킨다고 할 수 있다.

그러므로 우리의 일상적인 삶에 있어서의 지각이라는 것은 그 자체가 다른 영향을 받지 않는 독립적인 그리고 직접 행동과 관계 없는 중립적인 기능이 아니다. 그것은 나와 관계되는 환경의 변화를 경고적으로 확인하고 대응이 요청되는 새로운 사태의 발생을 알려주는 기능이며 따라서 우리의 삶을 위해서 특수한 역할을 하는 것이다. 그리고 지각은 자명적이고 자동적이고 익숙한 삶의 흐름의 중단을 의미한다. 이러한 중단은 그러나 부정적인 장애를 의미하는 것이 아니고 매우 생산적인 역할을 하는 것이다. 그것은 우리의 행동을 조종하고 새로운 대응을 불러일으킨다. 적절한 대응행동을 불러일으키고 경고적인 새로운 사태가 다시 평상화하면 지각은 사라진다. 이러한 감성적인 지각은 처음부터 인식을 위한 자세한 "관찰"과는 다르다. 우리는 결코 하나 하나의 감성적인 지각들의 축적을 통해서 이해의 세계 전체를 건설할 수는 없다. 그와 반대로 우리는 감성적인 지각 그 자체를 이해된 세계 전체로부터 의미있게 파악할 수 있다. 그러므로 감성적인 지각이 앎의 전개를 위한 출발점이 될 수는 없다.

그런데 인간의 삶의 세계 안에서 즉시 효과적으로 대응하기 어려운 전연 새로운 것이 나타난다. 동물의 환경은 고정적이고 폐쇄적이지만 인간의 세계는 개방적이기 때문에 그러한 새로운 것의 출현을 위해 문이 열려져 있다. 우리의 일상적인 삶의 세계 안에서의 지각은 거기에 대한 적절한 대응행동을 불러일으키는 붉은 신호라고 했는데 이 붉은 신호는 무엇을 의미하고 이에 대한 적절한 대응행동이 어떤 것이라는 것이 이미 알려져 있는 것이 보통이다. 보기를 들면 우리가 아무리 하나의 목표를 향해서 앞만 보고 걸어가도 네거리의 신호등에 붉은 빛이 켜지면 곧 그것을 지각하고 걸음을 멈춘다. 그러나 즉시 적절한 대응행동을 불러일으키기 어려운 전연 새로운 사실이 앞에 나타나면 우리는 우선 행동의 연속을 멈추고 그것을 자세히 들여다본다. 우리의 상식에 의존하지 않는 그 자체의 본질을 관찰하게 된다. 우리의 일상적인 삶의 움직임이 방해를 받았을 때 비로소 그 방해를 제거하기 위해서 그 방해물을 자세히 관찰한다. 우리가 일상생활에서 관찰하지 못했던 객관적인 측면에서 지금까지 몰랐던 새로운 지식을 얻어낸다. 여기에서 행동의 요청에 의해서 이론적인 지식이 나타난다.

희랍말로 이론(Theoria)은 자세히 "본다" "관찰한다"의 뜻을 가졌다고 한다. 이런 자세한 관찰에 있어서는 그 인간의 그 대상에 대한 관계가 달라진다. 그 대상은 이제 자명하고 따라서 쉽게 다룰 수 있는 것이 아니고 전연 새롭고 이해할 수 없는 대상인 것이다. 그러므로 우선 그 대상에 대해서 일정한 거리를 두고 자세히 관찰할 수밖에 없다. 이 "거리"를 통해서 그것은 객관적인 관찰의 대상이 된다. 여기에서 비로소 주관과 객관이 분리된다. 우리가 지금까지 말한 지각은 나의 수동적인 반응이었는데 이러한 자세한 관찰은 이제 적극적인 작업이다. 그러나 이러한 관찰도 결코 아무 목적 없이 행해지는 것은 아니고 언제나 특수한 삶의 관련에 의해서 매개된 주체적인 전망 안에서 일어나는 것이다. 보기를 들면 내가 어떤 도구를 일정한 사용 목적에 적합한지 자세히 관찰하고 고장난 기계를 수리하기 위해서 자세히 관찰한다.

우리가 자명하고 자동적인 삶의 움직임 속에 살다가 그 자명성과 자동성이 중단되고 불확실성이 나타나면 우리는 그 대상과 우선 거리를 가지고 관찰하고 그 대상을 객관화하게 된다. 그 대상과의 자동적인 삶의 관련은 우선 끊어지고 이론적인 인식관계가 성립된다. 여기에서 실천적 행동의 요청에 의해서 이론적 지식이 얻어지게 된다. 그러므로 이론적 지식은 처음부터 실천적 행동을 위해서 봉사하는 것이다. 왜냐하면 이론은 행동에 의해서 나타나게 된 것이고 행동을 위해서 있는 것이기 때문이다. 그러므로 현대의 발전된 자연과학도 객관적인 이론적인 지식을 위해서 발전된 것이 아니고 자연정복의 필요성에 의해서 나타난 것이며 기술의 형태로서 이 자연정복에 봉사한다. 이론은 행동에서 탄생해서 행동에로 돌아간다. 그러므로 완전히 순수한 객관적인 이론은 없다.

12

과학적 지식

과학의 연구와 방법론 / 사실과 이론 / 계산과 실험의 제한성

우리는 종래 고전적인 인식론이 직선적인 인식 전개의 기점 혹은 적어도 인식을 위한 하나의 기반으로 생각했던 감성적인 지각을 살펴보았다. 우리는 여기에서 모든 지각은 이미 이해된 세계 안에서의 삶의 관련 관계와 연결된 하나의 특수한 역할이라는 것을 확인하고 거기에서 일정한 대상에 대한 객관적인 관찰이 어떻게 나타나게 되는지도 알아보았다. 그런데 이미 이른바 과학적인 인식을 위한 이러한 객관적인 관찰도 결코 흔히 주장되는 바와 같이 아무런 전제도 없고 어떤 목적에 구애되지 않는 가치중립적인 작업은 아니다. 그것도 역시 여러 가지 주관적인 전제에 의해서 제약되고 일정한 목적을 지향하는 가치 판단의 전망 안에서의 작업이다. 이제 우리는 여기에서 한 걸음 더 나아가서 우리의 앞의 현상을 위해서 중요한 위치를 갖는 "사실"과 "경험"을 해석학적으로 인간학적으로 살펴보기 전에 이른바 사실만을 대상으로 한다는 경험과학적인 인

식 작업이 어떤 것인가를 알아보아야 하겠다. "경험과학적인 연구" (empirical research)의 성격을 알아봄으로써 거기에서 얻은 지식의 성격을 밝히자는 것이다.

이 세계에 대한 우리의 지식들이 늘어나면 늘어날수록 모든 과학들은 더욱 전문화하게 된다. 이것은 결코 인간의 두뇌의 제한성 때문만은 아니고 오히려 여러 과학들의 연구 방법들이 근본적인 차이를 나타내고 있기 때문이다. 이러한 서로 다른 연구 방법들은 특수한 기술적인 훈련뿐만 아니라 특수한 사고방식을 전제로 한다. 그러므로 한 사람의 유능한 인간이 여러 영역들의 지식들을 개관하고 철학적인 체계를 세우는데 이용할 수는 있다. 그러나 한 사람의 학자가 여러 가지 서로 다른 영역에서 동시에 연구를 한다는 것은 많은 경험과 훈련을 필요로 하는 어려운 기술 때문만이 아니라 문제제시와 방법론적인 사유의 차이 때문에 거의 불가능한 일이다. 모든 개별과학들은 모두 특수한 정신과 특수한 분위기를 갖고 있으며 연구영역이나 연구재료보다도 방법론의 차이가 그 과학의 특수성을 규정한다. 그러므로 개별과학들에 있어서의 특수한 방법론의 전개와 발전은 매우 중요한 의미를 가졌다. 그리고 이러한 특수한 방법론의 차이는 같은 대상이라도 그것을 전연 다르게 나타나게 하고 전연 다르게 파악하게 한다. 보기를 들면 生化學은 生理學의 일부이다. 그러나 그 방법론적인 차이는 연구대상을 전연 다른 것으로 나타나게 한다. 그러므로 영역의 차이보다도 방법론의 차이가 더 큰 의미를 가졌다. 과학적인 인식이 이와 같이 많은 복잡한 전문적인 방법을 필요로 하게 된 이유는 우리의 제한된 수단들로써 존재자의 본질에 접근하려는 데 있다. 직접적인 관찰이나 논리적인 사유만으론 더 나아갈 수가 없으며 사물의 표면에 머물러 있기만 한다. 그러므로 더 깊이 들어가기 위해서는 매우 어려운 먼 길을 돌아가야 한다.

먼저 개별과학들은 그의 과제의 한계를 제한한다. 여기에서는 우리의 현실이 수많은 독립적인 체계들로 이루어져 있다는 가설이 전제되어 있다. 그 여러 체계들은 서로 연결되어 있고 그리고 한 체계 안에서의 그 부분들은 또한 더 밀접하게 결합되어 있다는 것이다. 또한 연구해야 할 경험적인 문제를 그 하나의 체계 안에 연결시키는 것이 연구의 준비를 위해서는 매우 중요하다. 이러한 연결에는 물론 보조가설들의 도움을 받을 수밖에 없다.[1]

다음으로 경험과학적인 연구를 위해서 중요한 일은 그 개별과학 고유의 거의 고정적인 문제제시를 익히고 그 개별과학 고유의 접근방법을 익히는 일이다. 대부분의 문제들은 개인에 의해서 제시되는 것이 아니고 오히려 그것들은 그 과학의 진전과 더불어 자연적으로 나타난다. 그리고 개인들은 다만 그것들을 문제제시로서 받아들인다. 그러므로 참다운 연구는 그 개별과학의 전체적인 방법론적 또는 체계적 작업 속으로 연구하는 개인이 말려들어가야 가능하다. 과학자는 그의 연구실에 들어가기 전에 이미 연구할 가치가 있는 문제의 성격과 조종할 가치가 있는 기구들의 종류와 계산할 가치가 있는 측량의 종류에 대한 이해가 있어야 한다고 툴민(Toulmin)은 말한다.[2] 이런 의미에서는 어떤 학문을 위해서도 학파라는 것이 중

---

1) F. Zvaniecki, *The method of sociology*, 1934. 참조.
2) S. Toulmin, *The philosophy of science*, 1952. 참조.

요한 의의를 갖는다. 하나의 학파에서 얻는 것은 특수한 기술이나 특수한 재료에 대한 정보라기보다는 오히려 문제의 소제 문제제시의 방법을 그 학파에서 배우는 것이다. 어느 학파에도 속하지 않는 사람들 중에도 훌륭한 학자가 있지만 그것은 현대와 같이 학문들이 복잡하게 전문화된 시대에 있어서는 예외의 현상이고 또한 그런 사람은 제대로 문제제시를 하기가 어렵다. 물론 한 학파의 기본적인 전제와 기본적인 정신자체를 문제삼을 수도 있고 또한 그것은 위대한 전환을 위해서는 늘 필요하다. 그러나 그럴 경우에도 한 학파를 철저히 소화해야 그것을 문제삼고 그것을 극복할 수 있게 된다. 현대과학에 있어서 문제제시는 그렇게 중요하다. 그 개별과학의 전체적인 방법론적 체계적 작업에 익숙하지 아니한 사람은 도대체 무엇인지조차 알 수가 없다. 하나의 문제를 제시한다는 것은 이미 이에 대한 가능한 대답을 시사하는 것이나 다름없다. 이것은 전연 대답의 성격을 이해 못하는 문제를 제시할 수는 없다는 것을 의미하며 또한 문제제시의 방향은 이미 대답의 성격을 규정한다는 것을 의미한다.

한 문제에 대한 대답의 성격이 이미 그 문제의 방향에 의해서 규정되듯이 그 개별과학의 방법론과 문제제시는 밀접한 의존관계를 갖고 있다. 다시 말하면 그 방법으로 다루어질 수 있는 문제가 제시되는 것이다. 그 방법에 의해서 다루어질 수 있는 문제가 의미를 갖는 다. 도구주의(Instrumentalismus)와 조작주의(Operationalismus)와 기능주의(Funktionalismus) 등이 이러한 방법과 문제의 불가분의 관계에서 나온 것들이다. 개념의 의미는 그것이 어떻게 사용되고 어떻게 조작되고 어떻게 기능하느냐에 달려 있다는 것이다. 그러나 이러한 도구주의 배후에는 극단한 실증주의가 뒷받침하고 있다. 문제를 제시한다는 것은 그 방법론에 제약되면서 이미 대답의 성격을 규정하는 것이기 때문에 매우 어려운 일이다. 그리고 그것은 그 개별과학의 전체적인 작업에 대한 전망과 관련된 것이고 그 전체적 작업의 진전과 관련된 것이다. 그러므로 문제를 바르게 제시하는 것은 대답을 하는 것보다 더 쉬운 일이 아니다 라고 막쓰셀라는 말한다.[3]

과학의 가장 중요한 과제는 "사실"(Fakt, Tatsache)의 확인이다. 그러나 "하나의" 과학이 있는 것이 아니고 "여러" 과학들이 있어서 각각 여러 가지 영역들의 사실들을 지향한다. 모든 과학들은 설명하고 보충하고 체계화해야 할 사실들을 대상으로 한다. 그러므로 사실들에 의존하지 않는 가설도 이론도 있을 수 없다. 이런 의미에서 죠지(George)는 과학의 문명에 대한 가장 중요한 공헌을 사실의 확인이라고 했다.[4]

그런데 과학은 어떻게 해서 사실을 확인하고 파악하게 되는가? 새로운 종류의 동물의 발견, 고고학적인 발굴, 새로운 유기체들의 결합, 새로이 발견된 병균에 의한 질병의 발생, 새로운 방사선의 발견, 모성애가 아동의 성장에 미치는 영향, 이런 것들은 과학들이 다루는 사실들의 성격이 여러 가지라는 것을 알려준다. 과학들의 방법이 여러 가지 있듯이 사실들을 파악하는 길도 여러 갈래이다. 우

---

3) M. Scheler, *Zur Ethink und Erkenntnislehre*, 1932. 참조.
4) W. H. George, *The scientist in action*, 1936. 참조.

리는 사실을 파악하고 확인해서 더 넓은 이론체계의 기초로 삼을 수 있다. 또 그 파악된 사실을 통해서 다른 사실을 파악할 수도 있다. 그런데 과학들이 다루는 많은 사실들은 직접 파악할 수 있는 것이 아니고 복잡한 과정과 방법론적인 조작을 거쳐서 간접적으로 파악할 수 있는 것들이다. 그리고 실제로 과학적인 연구에 종사하는 사람들은 특히 발전된 과학들에 있어서는 이론적인 전제에서 완전히 독립된 다시 말하면 이론적인 전제에 의존하지 않는 사실은 없다는 것을 알게 되었다. 사실의 인식은 언제나 이미 하나의 이론적인 지평을 전제로 한다. 왜냐 하면 사실의 관찰은 언제나 그 이론적인 지평 안에서 조종되기 때문이다. "모든 이론적인 전제들에서 완전히 해방된 것이라는 것은 과학에서는 인식되지 않거나 혹은 의미 있게 다루어질 수가 없다. 적어도 그 사실의 관찰을 위한 이론적인 지평이 구성되기까지는 의미 있게 다루어질 수가 없다는 것이다."[5] 여기 사실의 과학적인 인식에도 특이한 순환구조가 드러난다. 모든 이론은 사실을 기초로 하는데 또한 사실의 인식은 다시 이론의 지평에 의존한다는 것이다. 단순한 사실들의 열거는 과학이 아니다.[6]

과학들은 사실을 언제나 경험적으로 파악한다. 그리고 이러한 경험적인 파악은 "관찰"과 "묘사"를 통해서 이루어진다. "관찰"을 위해서는 먼저 하나의 대상에 관심을 갖고 그리고 그 대상에 주의를 집중시키고 감성적인 지각을 통해서 그 대상을 확인한다. 그리고 과학적인 관찰은 언제나 수동적인 반응이 아니고 적극적인 작업이

---

5) A. Fischer, *Die philosophische Grundlagen der wissenschaftlichen Erkenntnis*, 1967 Wien, S. 101.
6) H. Poincaré, *La valeur de la science*, 1920 : "On fait la science avec des faits comme une maison avec des pierres."

다. 특히 발전된 과학들이 다루는 복잡한 사실들은 역시 복잡한 조작을 통해서만 관찰된다. 그러므로 과학들이 관찰한 것은 "사실 그 자체"라기보다는 그 과학적인 조작에 대한 사실의 반응이라고 할 수 있다. 과학들은 그러한 반응을 토대로 그 사실 자체를 추리한다.

　관찰된 사실을 그대로 표현한 문장이 과학에서는 그 사실을 대표한다. 논리적 실증주의자들은 이것을 "기록문장"(Protokollsatze)이라고 했다. 이러한 기록문장은 "여기 지금 이러하다"와 같이 사실 확인의 형식을 가졌고 따라서 명확하고 절대적인 타당성을 가졌다. 기록문장은 귀납적으로 추리된 종합문장과 달리 개연성의 성격을 가진 것이 아니고 절대적으로 명확한 진리라는 것이다. 그러므로 논리적 실증주의자들에 의하면 이러한 기록문장들 위에 과학이 논리적으로 전개되어야 한다는 것이다. 실증주의자들이 이와 같이 관찰된 사실의 표현으로서의 기록문장을 토대로 과학을 논리적으로 전개하려는 의도를 우리는 이해할 수 있다. 그러나 발전된 과학들에 있어서는 이미 그 "관찰"과 "표현"에는 여러 가지 어려움이 따른다는 것이 드러났다. 보기를 들면 현대 물리학에 있어서는 이미 한 대상의 모든 상태들을 동시에 확인 파악한다는 것이 근본적으로 불가능하다는 것이 드러난다. 곧 하나의 전자의 위치와 힘의 Impuls를 동시에 확인한다는 것은 불가능하다. 왜냐하면 하나의 확인이 다른 쪽의 확인을 방해하기 때문이다. 그런데 이것은 엄밀하게 말하면 미시의 세계에 있어서뿐만 아니라 거시의 세계에서도 해당된다. 그리고 이것은 사실의 모든 상태를 확인하는 기록문장의 성립을 엄밀한 의미에서는 방해하는 것이 된다. 이러한 어려움은 생리학적인 실험의 관찰에서도 나타난다. 곧 마취가 이미 관찰하려는 대상 자체에 영향을 준다. 그 위에 수술의 충격도 대상을 변화시킨다. 따라서 여기에서 관찰된 "데이타"와 그 기록은 정확하게 대상 그 자체에 대한 기록은 아니라는 것이다. 그러므로 어떠한 관찰도 완전히 대상 그 자체를 객관적으로 파악하는 것이라고 말할 수는 없다.

모든 과학들은 그 연구대상으로서의 사실들을 관찰하고 관찰된 것을 묘사해야 한다. 어떤 사실의 성격을 자세히 알기 전에는 그 사실의 원인을 캘 수가 없다. 모든 과학들은 그들의 영역들에 속하는 사실들을 될 수 있는 대로 정확하게 관찰하고 묘사해야 될 포괄적인 가설들을 설정할 수도 있고 체계적인 이론을 전개할 수도 있다. 그런데 이 묘사라는 것이 매우 복잡한 작업이다. 이미 말한 바와 같이 모든 이론으로부터 분리된 완전히 자립적인 사실 그 자체라는 것은 적어도 과학적인 연구에 있어서는 없다. 사실을 확인하려는 관찰 역시 결코 하나의 수동적인 기능이 아니고 일정한 기대에 이끌려가는 적극적인 탐색이다. 특정한 조건들 아래서는 이러이러한 것이 발견되어야 한다는 기대를 가지고 관찰을 하는데 이 "기대"는 이미 관찰의 방향을 결정하는 일종의 "전이해"이다. 과학들은 이미 그 대상을 관찰하는데 있어서 나타나지 않는 무의식적인 전이해로부터 출발한다. 그리고 우리의 "의견"을 확인하는 혹은 거부하는 사실을 발견한다. 그러므로 관찰도 일정한 이론적인 지평 혹은 전이해의 테두리 안에서 실현된다. 관찰보다도 묘사의 경우는 더욱 그러하다. 과학적인 인식에 있어서는 묘사라는 것은 흔히 사람들이 생각하는 것처럼 객관적인 사실을 사진 찍듯이 받아들이는 것이 아니다. 그런 의미에서 묘사도 하나의 수동적인 작업이 아니고 적극적인 작업이다. 묘사는 비본질적인 것을 배제하고 본질적인 것을 드러내고 개별적인 성격보다도 개념적인 것을 표현하는 구성적인 작업이다.

실증주의자들 중에는 흔히 사실의 묘사를 사실의 완전한 객관적인 재현이라고 생각하고 과학의 과제는 묘사에서 끝난다고 주장한다. 사실의 묘사에서 한 걸음 더 나아가서 사실을 "설명"하고 "해석"하는 데는 이미 "형이상학"이 개입한다고 그들은 걱정한다. 형이상학은 과학에서 배제되어야 한다는 것이다. 그들은 과학 아닌 철학은 형이상학이라는 것이다. 이러한 실증주의자들의 주장은 어떤 의미에서는 틀렸고 또 다른 의미에서는 정당하다. 모든 설명과 해석에는 이미 철학이 이론적인 전제로서 개입한다는 것은 진실이다. 그러나 이미 관찰도 이론적인 전제에 의존한다. 묘사는 더욱 일정한 이론적인 지평을 전제한다. 그리고 과학은 묘사에서 끝날 수는 없다. 그리고 묘사는 이미 엄밀하게 분석해 보면 일종의 설명이며 해석이다. 앞에서 말한 바와 같이 묘사는 비본질적인 것과 본질적인 것을 구별해야 하는데 이러한 구별은 이미 하나의 설명과 해석을 전제로 한다.

우리는 과학적인 연구에 있어서 결코 사실의 관찰과 그 묘사에 머물 수는 없다. 확실한 지식에 도달하기 위해서는 그 사실을 설명하고 그것을 전체적인 지식체계 속에 정리해야 한다. 그러므로 정확하게 관찰되고 묘사된 사실은 이미 알려진 사실들과 연결시켜야 한다. 이것이 과학적인 인식 작업에서 중요한 "분류"이다. 이 분류를 통해서 그 사실 자체가 더 명확하게 인식될 뿐만 아니라 다른 사실들과의 관계가 드러난다. 분류에 있어서도 중요한 것은 본질적인 유사성과 특이성을 구별하는 일이다.

현대 과학은 그 대상으로서의 사실들의 관찰과 묘사와 분류에 있어서 모두 수량적인 계산과 실험을 존중한다. 수량적인 계산은 그 사실의 객관성과 정확성을 보장한다. 그러나 수량적으로 계산할 수 있는 것은 사실들의 일정한 측면이고 또한 그것도 일정한 종류의 사실들뿐이다. 수량적인 계산이라는 것은 협의적으로 고정된 표준에 따라서 사실들을 양적으로 비교하는 것이다. 이런 의미에서는 모든 수량적인 계산은 상대적이다. 그러므로 계산의 경과는 언제나 그 계산에 사용된 방법에 의존한다. 따라서 딩글러(Dingler)는 다음과 같이 말했다. "우리는 수량적인 계산을 통해서는 자연으로부터 어떤 개념적인 지식도 얻어낼 수가 없고 다만 우리가 가진 개념들로써 자연을 분석할 수 있을 뿐이다."[7] 실험이라는 것은 하나의 가설을 확인하거나 새로운 이념을 얻기 위한 반복된 관찰을 말한다. 만약 실험을 "자연에 대한 질문"(Frage an die Natur)이라고 한다면 이 질문은 될 수 있는 대로 명확하게 그리고 될 수 있는 대로 일의적으로 정확하게 구성되어야 한다. 불확실한 질문이 명확한 대답을 가져올 수는 없기 때문이다. 그리고 실험은 확인하려는 법칙에 대해서는 아주 민감하게 반응할 수 있도록 하고 다른 불필요한 현상에 대해서는 둔감하도록 마련되어야 한다. 벤즐(Wenzl)은

---

7) H. Dinger, in : *Natur*, S. 141.

자연과학들의 발전에 대해서 다음과 같이 말한 일이 있다. 첫째로 무엇인가가 눈에 띄고 특별한 관심을 끈다. 둘째로 그 사실에 대한 설명이 생각난다. 셋째로 그 설명이 증명되어야 한다. 여기에서 실험은 관찰의 조건들을 주는 것이다. 그리고 그 조건들을 가능한대로 분리시켜보고 변화시켜 본다. 그런데 이러한 실험들은 동일한 조건 아래서는 언제나 동일한 자연 현상이 나타난다는 것을 전제로 하고 있다. 그리고 그 여러 가지 조건들 중에 하나의 조건만 틀려도 전연 다른 현상을 나타낼 수 있다. 따라서 사회현상에 있어서는 하나의 사실에 연결된 직접 간접적인 요인들이 무수히 많기 때문에 경솔하게 실험을 통해서 가설을 확인하려고 하면 늘 실패한다. 그러므로 사회과학들에 있어서는 실험은 전연 제한된 의의밖에 갖지 않았다. 사회적인 현상들의 주체인 인간의 결단의 자유를 고려하면 같은 조건들 아래서도 같은 현상을 나타낸다고 말할 수 없기 때문에 실험은 거의 의의가 없다. 하물며 "같은 조건들"이라는 것이 실제로는 불가능하다는 것을 생각하면 더욱 그러하다.

마지막으로 과학적인 인식에 있어서 중요한 역할을 하는 것이 "가설"과 "이론"이다. 과학적인 인식에 있어서 가설이라는 것이 무엇인가에 대해서는 여러 가지 서로 다른, 때로는 반대되는 정의들이 있다. 그런데 가설의 내용은 언제나 확인되지 아니한 혹은 기대되는 또는 추측되는 법칙인데 이것은 추후적으로 증명되어야 한다. 그리고 가설은 언제나 가정적인 성격을 가졌기 때문에 그것이 결정적인 지식이라고 할 수는 없고 다만 새로운 지식을 얻을 수 있는 수단이라고 할 수 있다. 가설은 대체로 직관적으로 혹은 유추를 근거로 성립되는 것이며 결정적으로 확인된 지식은 아니지만 사실을 통해서 증명될 가능성이 있는 것이라고 믿어진다. 과학적인 인식에 있어서는 이러한 가설이 우리가 앞에서 말한 "전이해"와 어떤 관계를 가졌는지는 다시 다음에 자세히 논하겠지만 가설이라는 것이 전이해에 근거한 것이라는 것만은 여기에서 미리 말해 둘 수 있다. 만약 과학적인 인식이 가설에서 출발해서 그것을 증명하는 것이라면 여기서도 그 순환적인 성격이 분명하게 드러난다. 가설의 증명은 여러 가지로 추구될 수 있다. 그 가설이 우리의 지금까지의 경험과 합치하느냐를 따지는 길이 있고 둘째로는 그 가설에서 연역된 결과들을 통해서 확인할 수도 있고 또한 직접관찰과 실험을 통해서 증명할 수도 있다.

가설과 이론의 한계는 유동적이다. 과학적인 이론이라는 것은 일면에 있어서는 가설들의 체계이며 다른 면에 있어서는 그 가설들의 가능한 혹은 실제적인 확인들의 체계이다. 그러므로 우리는 과학적 이론은 사실을 설명하는 가설이라고 할 수도 있다. 하여튼 과학적인 이론에 있어서는 지식들의 체계가 문제인데 그 체계 안에서 모든 그 영역에 속하는 사실들이 정리될 수 있어야 한다. 실증주의자들은 과학적인 이론을 다만 사실들의 경제적인 묘사에 지나지 않는다고 한다. 여기서 "경제적"이라고 하는 것은 복잡한 것을 단순하게 요약한다는 뜻이다. 그런데 이미 말한 바와 같이 사실의 "묘사"도 실증주의가 생각하는 것보다는 복잡한 성격을 가졌거니와 이론은 단순한 묘사가 아니고 늘 가설적인 성격을 가졌다. 그래서 화이트헤드(Whitehead)는 과학적인 이론의 생명을 30년쯤이라고 했고,[8] 엔리크스(Enriques)에 의하면 과학적인 이론의 연역적인 발전은 반드시 부정적인 결론에 도달하는데 그 때문에 과학적인 이론에는 일정한 한계가 있다는 것이다.[9] 엔리크스에 의하면 과학은 변증법적인 길을 거쳐서 발전한다는 것이다. 하나의 이론이 부정되고 다시 새로운 이론이 나타나서 다시 종합되는가 하면 다시 그것이 부정되고 새로운 이론이 나타나는 동안에 과학이 발전한다는 것이다. 그런데 이러한 과학적인 이론의 변화는 언제나 사실의 새로운 관찰을 통해서 이루어진다. 끊임없이 사실을 다시 관찰하는 인간의 비판적인 정신이 늘 이론을 다시 변화시키고 과학을 발전시킨다.

8) A. N. Whitehead, *Modes of thought*, 1938. 참조.
9) F. Enriques, *The historic development of logic*, 1929.

13

과학주의의 미신

과학과 방법론 / 귀납법과 경험적 기반 / 객관성과 발견

우리는 오늘날 과학의 큰 혜택 아래 살고 있다. 그러므로 "과학" 이라는 말의 매력도 대단하다. 특히 과학의 소산인 기술문명에서 뒤떨어진 나라의 사람들은 과학이라는 말에 거의 절대적인 동경과 신뢰를 갖는다.

그리고 또 사실에 있어서 오늘날의 학문과 사고방식과 생활에 있어서 과학적인 사유의 훈련은 절실하게 요청된다. 그런데 나는 "과학적인 사유"와 "과학주의의 미신"을 구별하고자 한다. 과학주의에 대한 맹신은 과학적인 정신에 위배된다. 마치 종교인들이 유일신을 믿듯이 하나의 과학을 믿고 마치 종교인들이 그들의 교리를 믿듯이 하나의 방법론을 절대화하고 마치 종교인들이 그들의 경전의 절대 무오를 믿듯이 과학적인 인식의 절대적인 객관성을 믿고 일반적으로 종교인들이 독선적이고 배타적인 것처럼 모든 다른 종류의 방법론과 지식들을 배제하려는 그러한 과학주의를 말한다. 이러한 형태

의 과학주의는 발전된 엄밀과학을 실제로 선두에서 연구하는 사람들보다도 과학이라는 이름에만 절대적인 매력을 갖는 이류들에 의해서 받들어진다. 특히 오늘날에 있어서는 학문적인 성격이 복잡하고 어려운 사회과학도들이 자연과학도들보다도 더 과학주의의 환상에 끌려가는 일이 많다. 그리고 이러한 과학주의는 우리의 앎과 삶의 본질적인 관계를 깨뜨리는 바람직하지 못한 결과를 수반한다.

과학주의의 환상은 대체로 과학의 근본적인 성격에 대한 잘못된 개념에서 온 것이다. 이러한 잘못된 개념은 "과학"과 "방법론"을 동일시하고 그리고 그 특수한 방법과 기술의 충실한 적용에 의해서만 정확하고 믿을 수 있는 지식이 얻어질 수 있다고 생각한다. 따라서 연구하는 대상과 그 주제의 성격은 전연 고려하지 않는다. 그런데 이러한 과학주의가 늘 앞세우는 "방법론"은 구체적이라기보다는 매우 비경험적이고 추상적인 성격을 가졌으며 실질적이라기보다는 형식적이고 다루어야 할 문제들에 대한 효율적인 적응성이 없고 늘 조작적이다. 그러므로 이러한 과학주의는 현대 경험주의보다도 오히려 근세합리주의의 연역적인 형태에 가깝다. 그러므로 과학주의의 환상에 사로잡힌 방법론자들은 연구에 있어서의 진보는 연구의 재료나 이론에 대한 반성보다도 방법론적인 엄밀성의 증대를 위한 반성에 의존한다고 생각한다. 그래서 현대의 모든 경험과학적인 업적은 수량적인 데이터에 의존하는 것이고 복잡한 형태를 가진 사회이론과 사회구조를 다루는 것도 방법론의 문제에 대한 깊은 고려가 없이는 불가능하다는 것이다. 참으로 방법론에 대한 깊은 관심이야말로 현대의 학문적인 연구의 특징이라고 주장한다.

그러한 주장은 분명히 그 일면적인 정당성을 가졌지만 곧 자세히 살펴보면 그 이면적인 부당성을 드러낸다. 방법들이라는 것은 과학자들이 그들의 연구를 위해서 사용하는 것을 의미하며 따라서 그것들은 언제나 유일한 완전한 표준이 될 수는 없다. 아브라함 카프란(Abraham Kaplan)은 다음과 같이 말한다. "방법론은 결코 과학적인 업적을 위한 충분한 조건이 될 수 없다. 아무리 건전한 규범이라도 불행하게 적용될 수 있다. 많은 노력이 실질적인 일들로부터 방법론적인 문제들에로 돌려질 수 있다. 그리고 언제까지나 완전한 방법론을 배우기 위해서 불완전하게나마 실제로 일을 시작하는 것을 단념하는 것이다.[1] 그러나 방법론이라는 것은 그 자체가 독립적인 가치를 가지는 것이 아니고 연구하는 과학자가 사용하는 작업의 특수한 형태들을 "재구성"한 것 이외에 아무것도 아니다. 그것은 결코 스스로 가치를 가지는 것이 아니며 유일의 것도 아니고 고정적인 불변의 것도 아니다. 그리고 그것은 모든 과학자들이 일방적으로 어떻게 해야 한다고 지시하는 것도 아니다. 그것은 다만 어떤 특정한 과학자들이 사실에 있어서 어떻게 성공적으로 연구했는가를 알려주는 것이다. 아인슈타인(Einstein)은 다음과 같이 말한다. "만약 당신이 이론 물리학자에게서 그가 사용하는 방법에 관해서 배우고 싶거든 그의 말을 듣지 말고 당신의 주의를 그의 행동에 고정시켜라."[2] 방법론이 문제가 아니고 실제로 대상을 다루는 행동에서 배우라는 것이다. 만약 과학이라는 것이 실제로 과학자들이 연

---

1) Abraham Kaplan, *The Conduct of Inquiry*, San Francisco 1964, S. 24.

2) A. Einstein, *Essays in Science*, New York 1934, S. 12.

구하는 것 이외의 아무것도 아니라면 유일의 방법론이란 있을 수 없다는 것이 분명해진다. 여러 가지 서로 다른 종류의 연구들을 위해서 여러 가지 특이한 논리들이 적용되고 있다. 생물학자는 그가 천문학자를 본받아야 된다고 느끼지 않는다. 그리고 천문학자는 물리학의 방법들에 구속되려고 하지 않는다. 그런데 왜 사회적인 현상을 다루는 사회과학자들은 반드시 자연과학자들을 모방해야 하겠는가.[3] 아리스토텔레스(Aristoteles)는 이미 대상의 종류에 따라서 그 대상의 본질이 허용하는 한도 안에서 정확성을 기대하라고 과학적인 인식을 위해서 말한 일이 있다. 실제로 과학자들이 여러 가지 영역들에서 연구한 오랜 풍부한 역사를 더듬어 보면 과학의 모습은 한 가지가 아니고 여러 가지이다. 과학은 언제나 융통성이 있고 개방적이었다. 하나의 엄격한 규칙의 틀을 여러 가지 성격의 대상들에 둘러쎄움이 없이 늘 도움이 된다면 어떤 방법이라도 시도했었다. 이러한 과학의 정신은 창조적으로만 습득될 수 있는데 다만 과학의 문서만이 폐쇄적으로 모방된다.

그러나 물론 과학주의의 환상에 매혹된 방법론자는 다음과 같이 말할 것이다. 과학은 역시 그 한계를 가졌다. 그리고 그것은 낯선 특이한 길들을 전진할 수 있다. 그러나 근본적으로는 그것은 언제나 사실 위에 근거하고 있으며 사실의 보편화에 의해서 건설되며 사실에 의해서 증명되어야 한다. 과학은 환상이 아니다. 과학이 우리에게 줄 수 없는 것을 우리가 다른 곳에서 얻으려고 하면 그것이

---

3) Kaplan의 책. S. 11. "What is important, I believe, is that behavioral science should stop trying to imitate only what a particular reconstruction claims physics to be."

바로 환상이다.

이른바 방법론자들의 이러한 반론에 우리는 다음과 같은 현대 과학철학의 네 가지 중요한 문제를 살펴봄으로써 대답하려고 한다. 곧 귀납법의 문제와 경험적인 기반의 문제와 객관성의 문제와 발견의 문제이다. 이러한 현대 과학철학의 문제들을 바르게 이해하면 그 복잡성과 딜렘마로 인해서 그렇게 단순한 과학주의의 자만과 단일적인 방법론은 설 자리를 잃게 될 것이다. 왜냐하면 이러한 문제들은 과학의 시도적이고 개방적인 성격을 드러내고 그리고 특히 과학의 본질적인 아프리오리(a priori) 곧 철학적인 기반들을 암시해 주기 때문이다.

귀납법의 문제 :

흄(Hume)[4] 이래 다음과 같은 사실이 일반적으로 인정되고 있다. 곧 사건들 사이에서 나타나는 단순한 관련성만으론 그 사건들 사이의 관계를 설명하는 보편적인 법칙을 발견할 수 있는 충분한 증거가 되지 못한다. 왜냐하면 경험적으로 확인할 수 있는 그러한 관련성은 우연성을 면하지 못하기 때문이다. 이것은 럿셀(Russell)의 표현을 빌리면 단순한 사실들의 열거만으로는 거기에서 "보편화"가 나올 수 없다는 것이다. 그러므로 개별적인 사실들로부터 출발해서 개념적인 세계를 거쳐 이론적인 세계의 보편적인 법칙들에 이르는 귀납법은 그 자체가 하나의 선험적인 원리이기 때문에 결코 경험적으로 증명될 수는 없다.[5]

---

4) David Hume의 *Treatise of Human Nature*가 출판되었을 때부터.
5) C. Hempel, *Aspects of Scientific Explanation*, New York 1965, S. 53-81.에서 귀납법에 대한 과학철학의 비판이 전개되어 있다.

그럼에도 불구하고 과학자들은 보편화를 통해서 법칙을 발견하고 그 법칙에 따라서 예언을 하곤 한다. 귀납법을 통한 보편화가 경험적으로는 증명될 수 없는 것이라는 사실은 귀납법을 통한 보편화를 그 작업의 원리로 하는 과학이 절대적인 진리에 이르는 확실한 유일의 길이라고 생각하는 과학주의자의 무비판적인 태도를 경고한다. 만약 우리가 실증주의자들처럼 모든 비경험적인 원리들을 모두 형이상학적인 무의미한 것이라고 한다면 귀납법에 의존하는 과학이야말로 형이상학적인 무의미한 것이라고 할 수 있게 된다. 회의주의는 철학과 형이상학을 뒤흔들어 놓았지만 또한 그것은 과학을 흔들어버릴 수도 있다. 절대적인 것은 실존적인 종교적인 영역에만 속한다. 과학은 상대적인 것이며 가능성의 논리이다.

경험적 기반의 문제:

과학주의의 신봉자들은 이에 대해서 다시 반박할 것이다. 귀납법에 대해서 이러한 어려운 문제들이 있다 하더라도 과학의 열쇠는 귀납법을 통한 보편화가 아니고 사실을 통한 "증명"이라고 말할 것이다. 보편화를 위해서 개별적인 사실을 떠나는 것이 아니고 보편화를 증명하기 위해서 개별적인 사실에로 돌아오는 것이다. 과학은 감성적인 지각의 세계로부터 출발해서 감성적인 지각의 세계로 돌아온다고 장담할 것이다. 지식의 경험적인 기반을 자랑할 것이다. 여기에서 과학은 그의 확고한 기반을 얻는다는 것이다. 그래서 흔히 그들은 다음과 같이 주장한다. "경험적인 세계에 있어서의 데이터가 객관적인 증거를 제시하는데 모든 가설적인 이론들은 이 증거에 의해서 비판되어야 한다. 사회현상의 관찰자는 때때로 매우 주관적일 수 있다. 그러나 데이터만이 객관적이다."[6]

　그런데 이제 문제는 이미 말한 바와 같이 감성적인 지각이라는 것이 우리의 인식을 위한 독립된 객관적인 기초가 될 수는 없으며 또한 흔히 경험과학들이 말하는 경험적인 기반이라는 것도 그 자체가 하나의 특수한 "추상"이라는 데 있다. 이른바 "데이터"라고 하는 것도 특수한 정신적인 지각에 근거해서 주의 깊게 선택된 것이다. 그러므로 데이터라는 것은 객관적인 사물 자체(Ding an sich)가 아니다. "돌" "전기" "나무" "인간" 이런 것도 "국가" "이념" "교과 과정" "애국자" 등과 마찬가지로 특수한 언어를 통해서 주조된 인위적인 데이터들 중에서 필요한 것을 선택할 때 그들의 가치관과 목적 의식이 결정적으로 큰 역할을 한다는 것을 인정한다. 그러나 그들이 깨닫지 못하는 것은 그 데이터 자체가 인간의 정신적인 작업의 소산이라는 사실이다. 칼 포퍼(Karl Popper)는 다음과 같이 말한다. "객관적 과학의 경험적 기반이라는 것은 절대적인 것이 아니다. 과학은 부동의 기반 위에 서 있는 것은 아니다. 과학적인 이론의 거대한 구조는 물 위에 두둥실 떠 있는 것과 같다."[7]

　과학주의의 환상에 끌려가는 방법론자의 보편화는 반석 위에 서 있는 것이 아니고 모래 위에 서 있는 것이며 그들의 데이터는 굳게 다져진 기반 위에 서 있는 것이 아니고 물 위에 떠 있는 것이나 마찬가지다. 그러나 방법론자들은 다시 그들의 반론을 더 전개하기 위해서 객관성의 문제를 들고 나올 것이다.

---

6) K. Popper, *The Logic of Scientific Discovery*, New York 1955, S. 99.
7) K. Popper, 같은 책, S. 111.

객관성의 문제 :

우리는 과학적인 지식을 얻는데 있어서 주관적인 선입관을 배제한 객관적인 사실을 토대로 하려고 한다. 그러나 객관성은 하나의 이념적인 요청이고 실제에 있어서는 주관이 어떤 형태로든 개입하지 아니한 지식은 없다. 만약 과학주의의 환상에 사로잡힌 사람들이 과학적인 지식은 완전히 주관을 배제한 객관적인 성격의 것이라고 믿는다면, 이것은 사실과는 다른 무비판적인 미신이다. 미시의 세계를 다루는 현대물리학에 있어서는 이미 고전물리학이 내세웠던 객관성의 요청이 적어도 전연 다르게 이해될 수밖에 없게 되었다. 미시의 세계에 있어서는 특히 모든 과학적인 조작이 대상에 미치는 영향이 지대하기 때문이다. 그러므로 물리학자가 다루는 현상은 객관적인 물질 자체의 현상이라기보다는 과학자와 그 대상 곧 인간과 자연의 대응관계에서 나타난 현상이라고 할 수 있다.

그러므로 과학이 요청하는 객관성이란 사실은 간주체성 (Intersubjektivity)을 말한다. 다시 말하면 일반 관찰자들 사이에 도달될 수 있는 공통성을 말한다. 보기를 들면 하나의 사실에 대한 나의 지각이 다른 사람들의 지각들과 공통성을 가짐으로써 서로 이해할 수 있을 때 그것을 간주체성이라고 한다. 나만이 알고 남들이 전연 이해할 수 없는 지식은 참다운 지식이 아니다. 종교적인 체험 같은 것은 나만이 알고 남들이 모두 일반적으로는 이해할 수 없기 때문에 객관적인 지식이라고 할 수 없다. 데이터나 실험의 결과나 가설의 증명은 모두 그 연구자들의 공동체에 의해서 이해될 때 객관적이라고 할 수 있다. 그런데 이 공동체라는 것은 언제나 제한된 공동체이다. 그러므로 보편적인 간주체성이라는 것은 언제나 제한된 공동체이다. 그러므로 보편적인 간주체성이라는 것은 생각할 수가 없다. 그러한 공동체는 언제나 특유한 개념들과 특유한 의식구조들을 갖고 있다. 사회과학적인 공동체들은 그들의 주제가 이념적이고 개념적인 성격을 가졌기 때문에 그들의 객관성의 요청은 더욱 흔들리는 기반 위에 서 있다. 이런 의미에서는 사회과학적인 공동체들은, 세계의 본질에 관심하는 비과학적인 공동체들, 보기를 들면 교회나 정당과 다를 것이 없다. 그들이 관심하는 세계의 여러 가지 사실들에 대한 그들의 지식들은 여러 가지 행동적인 이론적인 공동의 전제 위에 근거하고 있다. "누구든지 규정된 일정한 과정을 거쳐서 우리의 실험을 모방하면 중심자를 발견할 것이다"라고 원자 물리학자는 말한다. "누구든 성경의 교조를 따라서 기도를 통해서 마음의 문을 열면 하나님을 발견할 것이다"라고 전도자는 말한다. 중성자나 하나님은 모두 일반적으로 눈에 보이지 않는다. 두 경우에 있어서는 모두 간주체적으로 설정된 전제들이 있다.

서방세계의 사회학자들 중에는 민주주의야말로 유일한 과학적인 정치형태라고 하고 자본주의의 개방시장경제는 바로 과학적인 경제형태이며 미국의 산업자본주의의 발전은 진보와 현대화의 과학적인 모델이라고 하는 사람들이 있다. 그들의 소위 "과학"이라는 것이 이렇게 이데올로기에 물들어 있으면서도 그래도 과학의 객관성을 얼굴 뜨겁게도 내세운다. 지식사회학자들은 모든 과학적인 공동체들이 언제나 숨은 일련의 이해(利害) 관계의 기반 위에서 움직인다고 분석한다. 이 문제는 과학적 지식의 가치중립성의 문제를 다루면서 더 자세히 살펴보기로 하자. 그러나 하여튼 절대적인 객관성의 개념은 과학적인 공동체의 실제적인 연구활동을 통해서는 시인될 수가 없다는 것이 사실이다.

그러나 과학주의자들은 다시 말하기를 과학은 그래도 다른 공동체들과는 달리 늘 새로운 발견을 통해서 진보를 한다고 주장할 것이다. 과학은 이러한 진보를 통해서 전통적인 선입관의 구속을 타파하고 늘 새로운 세계를 제시한다고 할 것이다. 그러므로 이제 우리는 발견의 문제를 다루어 보기로 하겠다.

발견의 문제 :

발견은 틀림없이 과학의 매우 중요하고 결정적인 역할이다. 그리고 그것은 과학의 진보를 위한 중요한 요소이다. 그러나 발견은 역시 직선적인 논리만 추종하고 안일한 방법론에만 의존하는 사람들을 위해서는 불행하게도 과학의 가장 불투명한 그리고 파악하기 어려운 일면이다. "발견은 역시 신비스럽고 창조적인 작업이다."[8] 그것은 예술적인 상상력의 작업이다. 이것은 과학의 역사가 증명하는 것이다. 뉴톤(Newton)이 떨어지는 사과에 관심을 돌렸을 때는 인력의 법칙에 대한 완전한 설명이 가능할 것이라고 처음부터 생각하지는 못했다. 발견은 언제나 특이하고 개성적인 행동이다. 그리므로 과학을 일련의 기술적인 방법과 동일시하는 것은 잘못이다. 흔히 사회과학자들은 과학을 마치 회사의 규정들에 따라서 필요한 생산을 하는 그러한 협동기업처럼 생각한다. 그러나 참다운 발견은 그러한 규정에 안일하게 의존하는 사람들에게는 주어지지 않는다.

---

8) P. Winch, *The Idea of Social Science and It́s Relation to Philosophy.* London 1958, S. 94.

과학적인 발견의 이러한 영감적인 성격 때문에 많은 과학철학자들이 "발견의 논리"(logic of discovery)를 "증명의 논리"(logic of verification)에서 구별했다. 어떤 가설을 증명하는 논리와 전연 새로운 것을 발견하는 논리가 다르다는 것이다. 발견의 논리는 과학의 진보를 위해서 필요한 조건이기는 하지만 충분한 조건은 아니고 증명의 논리가 과학을 발전시키는 충분한 조건으로서 참으로 과학적이라고 한다. 아무리 창조적인 성격을 가졌다 할지라도 영감, 꿈, 환상, 가설, 이론 등은 다만 그것들이 "증명"될 수 있을 때만 과학적이다. 그러므로 우리는 여기에서 발견의 문제로부터 다시 귀납법의 문제, 경험적 기반의 문제, 객관성의 문제에로 되돌아 가게 된다. 이것은 과학주의의 설 자리가 없다는 것을 의미하는 것이다. 그리고 발견과 증명의 논리적인 구별이 가능하다고 해도 실제에 있어서는 이들은 함께 흘러간다. 주의력의 경제적인 집중, 발견적인 능력, 심미적인 감각 발견을 지향한 착실한 태도, 이런 것이 가설의 신빙성을 확인하는 직접적인 증명능력보다도 더 중요하다. 한 마디로 말하면 발견이라는 것은 인간 존재의 깊은 곳에 그 뿌리가 있기 때문에 과학주의적인 논리의 부속이 될 수는 없다. 그것은 인간의 삶 자체에 근거한 영원히 신비스러운 기능이다.

우리는 현대과학철학자들이 많이 다룬 네 가지 문제, 곧 귀납법의 문제, 경험적 기반의 문제, 객관성의 문제, 그리고 발견의 문제들을 살펴보았다. 이러한 문제들은 그렇게 단순한 것이 아니고 여러 가지 어려움을 안고 있다는 것을 살펴보았다. 이것은 과학적인 방법의 단일성과 그 인식의 보편성과 경험적인 확실성, 그리고 과학적인 방법에 의한 발견을 믿는 과학주의의 설 자리를 없애버리는 것이다. 사실에 있어서 하나의 과학과 이를 위한 유일한 방법이 있는 것이 아니고 여러 가지 과학들과 대상과 문제의 성격에 따라 적절한 다양한 방법들이 있다. 그리고 과학적인 지식은 절대적인 것이 아니다. 그것은 과학의 역사가 우리에게 알려준다. 그리고 무엇보다도 과학주의의 환상은 과학적인 지식을 인간존재와 그의 삶 외부에 설정된 어떤 절대적인 그러나 추상적인 지평 위에 근거시킴으로써 근본적으로 앎과 삶을 분리해 놓았다. 그러나 과학적인 지식도 상대적이고 가변적인 삶의 지평 안에서 순환적으로 자각과 비판을 되풀이함으로써 전개되는 것이다. 따라서 과학적인 지식도 추상적인 백지 위에 설정된 기점에서 무전제로 출발하는 것이 아니고 삶의 테두리 안에서의 전이해와 버릇과 의견으로부터 출발해서 비판의 길을 거쳐 얻어지고 또 비판되고 하는 것이다. 그러므로 우리는 다음에서 과학적인 연구에 전제되는 가설과 우리가 지금까지 중요하게 다루었던 전이해가 어떤 관계를 가졌는가를 알아보자.

14

가설과 전이해

과학철학과 해석학의 접근 / 가설과 전이해의 차이 / 전이해의 분석과 과학적
인식

과학적 인식도 결코 깨끗한 백지 위에 설정된 절대 확고부동한 기
점에서 어떠한 선입관도 배제하고 객관적인 지식체계를 건설해 가
는 것은 아니다. 그러한 순수한 객관적인 지식체계를 맹목적으로
지향하는 과학주의는 주관적인 선입관을 배제한다는 구실 아래 앎
에 있어서의 인간의 주체성을 배제해버리고 지식과 행동을 분리하
고 학문과 삶을 서로 단절시키는 결과를 가져온다. 그러한 과학주
의는 실제로 과학적 연구에서 소외된 채 특히 인문사회과학 분야에
있어서는 학문의 풍부한 열매를 미리 비본질적인 부분에만 제한해
버리는 폐단이 있다.

그러므로 나는 여기에서 그러한 과학주의를 비판하기 위해서 과
학의 인식론적 문제를 한 걸음 더 다루어 보기로 한다. 우리는 여기
에서 과학적 인식도 인간의 앎의 현상에 있어서 본질적인 순환구조

를 벗어나지 못한다는 것을 알게 될 것이다. 과학철학자 퍼스 (Peirce)는 아르키메데스의 기점을 추구한 데카르트의 사상에 반대해서 다음과 같이 말했다. "우리는 (과학적인 인식에 있어서) 우리가 실제로 가지고 있는 선입관들로부터 출발한다."[1] 그리고 다만 하나의 특정한 근거에서 우리는 일정한 선입관을 의심할 수 있게 되는 것이고 결코 어떤 보편적인 논리를 통해서 모든 선입관들이 동시에 배제되는 것은 아니다. 경험주의적인 과학철학자 포퍼 (Popper)도 "과학은 신화에서 시작해야 한다"[2] 라고 말한다. 이것은 과학이 언제나 전과학적인 "의견"에 의존한다는 것을 의미한다. 그래서 브레찐카(Brezinka)는 "교육과학도 종래의 교육관들 속에 담겨 있는 여러 가지 전과학적인 의견들로부터 출발하는 것이지 결코 무전제에서 출발하는 것이 아니다"[3] 라고 한다. 이런 의미에서 경험과학적인 이상을 추구하면서도 우리의 인식을 위한 최종적인 의심할 수 없는 확실한 기반 같은 것은 없다고 말한다. 그래서 브레찐카는 포퍼와 같은 대표적인 과학철학적인 논리학자와 철학적인 해석학을 추구하는 볼노브의 글들을 인용하면서 과학철학의 사상이 해석학과 접근하게 되었다고 말하고 있다.

우리는 이미 앞에서 인식을 위한 확고한 기점을 찾았던 합리주의와 경험주의를 동시에 비판하면서 아르키메데스의 기점이 존재할 수 없다는 것을 말했는데 이것이 다시 현대 과학철학 쪽으로부터

---

1) W. Brezinka, *Von der Pädagogik zur Erziehungswissenschaft*, Weinheim 1971, S. 12. (앞으로 여기에 인용되는 경험과학적인 이론은 이 책에서 인용한 것이다.)
2) W. Brezinka, 같은 책, S. 12.
3) W. Brezinka, 같은 책, S. 170.

확인되는 것이다. 우리의 앎의 작업의 기초로서 처음에 백지와 같은 깨끗한 의식이나 확고부동한 아르키메데스의 기점이 있는 것이 아니고 무의식적으로 작용하는 전이해와 자명하게 생각되는 여러 의견들, 그리고 퍼스가 말하는 선입관들의 지평이 이미 주어져 있다. 그리고 이 지평 위에서 우리의 인식작업이 시작되며 우리의 지식들이 얻어진다. 우리가 그러한 지평을 설정한 것이 아니고 그것은 우리가 의식적인 삶을 지각했을 때 이미 주어져 있었던 것이다. 마치 우리의 삶이 우리를 둘러싸고 있는 환경에서 분리될 수 없는 것처럼 우리의 앎은 그 전이해의 지평에서 분리될 수가 없다. 이러한 "지평"이 자연스러운 삶의 이해에 근거한 것인지 혹은 앞서 간 이론들에 의해서 조성된 것인지는 우선 여기서는 중요한 문제가 아니다. 그러나 어쨌든 여기에서 전이해, 의견, 혹은 선입관이라는 것은 우리의 인식을 무전제의 출발점에서 전개하기 위해서 마음대로 걷어치울 수 있는 그러한 성격의 것이 아니라는 것이다. 이 지평이야말로 우리의 모든 지식, 과학적인 지식까지도 거기에서 자라날 수 있는 기반이다.

그러므로 우리의 지식은 결코 직선적으로 쌓아올려질 수 있는 것이 아니고 이미 주어져 있는, 그리고 지금까지 정당시되고 자명한 것으로 여겨졌던 의견들과의 대결을 통해서 전개되는 것이다. 이미 주어져 있는 의견이 때로는 거부되고 때로는 확인되고 때로는 시정되어서 비판된 지식이 얻어진다. 여기에서 우리의 지식을 위해서는 "비판"이 중요한 의미를 갖는다. 그러므로 교육과학을 경험과학의 모범을 따라서 발전시키려고 생각하는 브레찐카는 "교육과학이 전통적인 교육적인 의견들에서 분리되어서 발전할 수는 없고 그 의견들에 대한 비판으로부터 출발해야 한다"[4] 고 말하고 있다. 그러므로 새로운 더 확실한 지식은 언제나 지금까지의 의견들과 선입관들을 토대로 해서 얻어질 수 있다. 진리에 이르는 길은 비판을 통하는 길뿐이다라는 것도 그러한 의미에서 이해될 수 있다.

우리의 앎의 작업을 의해서 확고부동한 기점이 없다는 것은 곧 우리의 앎의 작업에 있어서는 결정적인 종점도 없다는 것을 의미한다. 과학적인 지식의 세계에도 어디에서나 절대적으로 확실한 최종적인 지식은 없다. 다만 끊임없이 비판을 통해서 언제나 보충되고 수정되는 지식이 있을 뿐이다. 모든 지식은 임시적인 성격을 가졌다. 우리는 언제나 임시적인 시작을 가졌을 뿐이며 결코 결정적으로 비판의 여지가 없는 지식을 가질 수는 없다. 적어도 추상적이고 형식적인 수학과 논리학의 이론 외에는 절대적인 지식이란 없다. 따라서 브레찐카는 스스로 교육학자로서 경험과학적인 모범을 지향하면서도 경험과학적인 이론의 불완전성과 개방성을 강조하고 있다. 현대에 있어서 과학이론을 다루는 사람들은 거의 모두 과학주의의 환상에 맹종하지 않는 한 다음과 같은 점들에서는 합의할 수 있다. 곧 첫째로 우리의 인식은 결코 무전제에서 출발하는 것이 아니고 늘 선행적인 이해를 기반으로 한다. 이 선행적인 "이해"를 하이데거는 전이해라고 하고 볼노브는 의견이라고 하고 퍼스는 선입관이라고 하고 포퍼는 신화라고 하고 브레찐카는 전과학적인 지식 혹은 전승된 의식이라고 한다. 둘째로 우리의 지식은 이러한 선행

---

4) W. Brezinka, 같은 책, S. 50.

적인 이해와의 비판적인 대결을 통해서 얻어진다. 셋째로 모든 지식은 임시적이고 따라서 결코 결정적이고 최종적인 결론에 이르지 못한다.

그러나 이제 선행적인 이해와의 대결이 어떻게 이루어지느냐는 문제에 있어서는 철학과 방법론의 경향에 따라서 모두 생각들이 달라지는 것이다. 그 선행적인 이해를 무의식적으로 작용하는 전이해라고 생각하는 것과 혹은 자명하게 인간과 그 환경을 지배하는 의견이라고 생각하는 것과 선입관이라고 생각하는 것과는 서로 입장이 다를 수 있다. 그런데 브레찐카는 이러한 전과학적인 지식 내지 전승된 의견을 가능한 과학적인 가설과 같은 것으로 생각한다. 과학이 그의 연구를 위해서 설정하고 비판하고 증명하는 가설이 과연 그러한 선행적인 이해와 어떤 관계를 가졌을까. 우리는 과학의 가설이 그러한 선행적인 이해와 어떤 관계를 가졌는가를 살펴보려고 한다.

단순한 경험주의자들은 그들의 연구작업이 언제나 사실들의 관찰과 이를 보충하는 실험에서 출발해서 귀납적인 작업을 거쳐서 보편적인 이론과 법칙에 도달한다고 생각한다. 그러나 실제적인 연구에 있어서는 일정한 기대와 이론적인 가설이 언제나 앞선다. 특히 복잡하고 계획적인 연구에 있어서는 사실의 관찰이 앞서는 것이 아니고 정확하게 다듬어진 문제제시가 관찰을 일정하게 유도하게 되어 있다. 그러므로 브레찐카는 경험과학의 모범을 따르면서도 사실의 관찰을 인식의 원천이라고 보지 않고 가설을 증명하는 보조자료라고 생각한다. 따라서 그는 이론이 관찰의 데이터보다 앞선다고 주장한다. 단순한 경험주의자들은 이론에 의존하지 않는 순수한 사실의 관찰을 앞세우지만 "사실"이라는 것이 특히 사회과학의 경우에 있어서는 물체처럼 우리 앞에 주어져 있는 것이 아니고 언제나 일정한 문제제시에 따라서 일정한 이론적인 지평 위에서 비로소 드러나는 것이며 관찰이라는 것도 결코 눈 앞에 있는 물체를 사진 찍듯이 수동적으로 받아들이는 것이 아니고 문제제시와 이론적인 전제들에 조종되면서 대상을 특수한 측면에서 드러내는 적극적인 작업이다. 그러므로 우리는 경험적인 관찰이나 조사에 앞서서 그러한 선행적인 이론들을 분명하게 분석하고 연구해야 그 경험적인 관찰과 조사가 소기의 목적을 달성할 수 있다. 문제제시가 분명하게 분석되고 선행적인 이해지평이 명백하게 밝혀지고 거기에서 사용되는 개념들이 철저히 규명되어야 한다. 이러한 선행적인 이해지평을 우리는 전이해라고 했다. 따라서 넓은 의미에서의 전이해에는 선입관, 의견, 전과학적인 지식, 버릇, 전승된 믿음, 이런 것들이 모두 거기에 속한다. 과학철학적인 용어를 빌리면 전이해는 증명되어야할 가설들의 원천이다. 전이해에서 가설들이 다듬어져 나온다. 그러므로 전이해와 가설은 과학적인 지식을 위한 임시적인 모태라고 할 수 있다. 그러므로 해석학이 말하는 전이해와 경험과학이 말하는 가설은 비슷한 성격과 기능을 가졌다.

그러나 물론 전이해와 가설이 꼭같은 것은 아니다. 가장 중요한 차이는 가설은 명백하고 의식적인 문제제시와 더불어 설정되고 경험적으로 증명되기까지는 가정적인 성격을 가졌다는 의식적인 전제 아래 설정된 것이라는 데 있다. 가설은 경험적으로 증명될 수도 있고 증명되지 않을 수도 있다. 증명되지 못할 때는 새로운 적절한 가설에 의해서 대치될 수도 있다. 가설은 언제나 과학적인 사유의 하나의 형식이다. 그러나 우리는 일상생활에서는 이른바 가설을 설정하지는 않는다. 우리는 "추측"을 하고 "기대"를 한다. 그런데 추측은 설정하는 것이 아니고 우리에게 자연스럽게 떠오른다. 그러므로 우리는 추측이나 기대를 마음대로 털어버릴 수도 없다. 그것은 우리를 때로는 불안하게 하고 때로는 집요하게 우리를 따라다닌다. 그래서 우리는 그것을 확인하려고 애쓰게 된다.

그러나 추측이나 기대도 역시 우리가 지금까지 말한 전이해와는 다르다. 킴멜은 전이해의 기능을 두 가지로 구별해서 선취적인 전이해와 기초적인 전이해라고 했는데 여기에서 말하는 선취적인 전이해는 대상의 전체적 형태나 결과에 대한 선행적인 이해를 말한다. 선취적인 전이해는 문서나 현상의 해석에 있어서 그 해석을 일정한 방향으로 유도한다. 그런데 이러한 선취적인 전이해도 역시 이른바 가설과는 다르다. 선취적인 전이해도 처음에는 아무래도 불분명한 것인데 그것이 대상의 분석과 관찰을 통해서 점점 분명해지고 때로는 수정되기도 한다. 그러나 가설은 처음부터 명백하고 분명하게 설정되어 전적으로 증명되든지 그렇지 않으면 폐기된다. 수정되거나 설명되는 일은 거의 없다. 그런데 우리가 일반적으로 해석학적인 전이해라고 하면 킴멜이 말하는 기초적인 전이해를 말한다. 기초적인 전이해는 자연스러운 이해지평을 말하는데 이 지평 안에서 문제의식과 모든 생각과 표상이 나타난다.

이러한 이해지평은 우리의 역사적인 삶과 더불어 자연스럽게 이루어져 있는 것이다. 이러한 이해지평은 분명하게 의식될 필요도 없고 또한 의식될 수도 없다. 그것은 모든 앎의 작업에 선행하고 앎의 작업을 이끄는 아프리오리이다. 그런데 이러한 이해지평은 이론적으로 구성되었거나 혹은 적극적으로 설정된 것이 아니고 자연스럽게 주어진 것이다. 내가 여기에서 "자연스럽게"라고 말하고 "자연적으로"라고 말하지 않는 것은 그 이해지평이 고정적인 것은 아니고 우리의 삶의 역사와 더불어 이루어진 것이기 때문이다. 그런데 이와 같이 무의식적으로 주어져 있는 전이해를 밝혀내고 분석해내는 일이 중요하다. 그것은 과학적인 인식의 기반을 명백히 하기 위해서도 반드시 필요하다. 전이해는 아직 객관적인 형태로 주어져 있는 것이 아니고 명백한 개념으로 표현되어 있는 것이 아니기 때문에 그 안에서 마음대로 가설들을 뽑아올 수는 없다. 전이해의 지평은 이렇게 무의식적이고 불분명하지만 이미 말한 바와 같이 우리의 문제의식과 모든 생각과 표상을 유도하기 때문에 가설의 성격을 결정적으로 영향하는 것은 틀림없다. 그러므로 이러한 숨은 이해지평을 밝히고 분석하는 것이 모든 과학적인 인식작업에 앞서서 요청되는 것이다.

요약해서 말하면 전이해와 가설은 모두 임시적인 성격을 가졌다. 그것은 확실한 지식은 아니다. 그러나 그들은 확실한 지식을 산출한 수 있는 모태이다. 그러나 전이해가 무의식적이고 분명한 개념으로 표현되지 않는데 대해서 가설은 의식적이고 명백한 설정이다. 그러므로 전이해와 가설은 동일시될 수는 없다. 다만 가설은 전이해의 지평 안에서 다듬어지는 것은 틀림없다. 왜냐하면 그것은 과학적인 증명에 의해서 얻어진 것이 아니고 비로소 증명되어야 할 가설로서 전통적인 의견이나 전승된 믿음, 일반적인 생각, 전과학적인 지식에서 다듬어지는 것이기 때문이다. 전이해의 지평은 위기의 문제의식과 모든 생각과 표상을 무의식적으로 일정한 방향으로 규제하는 기능을 가졌으며 따라서 우리의 모든 종류의 지식의 모태이다. 그리고 이러한 전이해의 지평은 우리의 개인적인 혹은 전체적인 삶의 역사와 더불어 이루어진 것이다. 그러므로 모든 지식들은 우리의 삶의 역사와 연결되어 있다. 따라서 모든 과학적인 인식 작업에 앞서서 이 전이해의 지평을 밝힐 필요가 있다. 그러기 위해서는 적어도 한 걸음 다가 설 필요가 있다. 인식주체의 삶의 역사의 분석에서 우리의 어떤 종류의 지식도 전이해의 지평을 통해서 우리의 개인적인 전체적인 삶에 깊이 뿌리박고 있기 때문이다.

우리가 과학주의의 환상이나 단순한 경험주의를 못마땅하게 생각하는 것은 과학정신과 과학적 지식을 소홀히 하는 것이 아니다. 반대로 철저하게 비판적인 과학정신과 개방적인 과학적 지식을 위해서 그러한 과학주의의 환상과 단순한 경험주의를 배격하는 것이다. 전이해의 지평이 실제적으로 존재하고 있어서 무의식적으로 그러나 강하게 작용하고 있다면 우리가 그 지평을 밝히고 분석함으로써만 과학적인 인식이 그 목표에 접근할 수 있다. 그리고 더욱 객관적이고 더욱 보편적이고 더욱 절대적인 진리에 접근하는 길은 언제나 자아 비판과 개방성을 위한 결단을 통해서만 가능하다. 우리는 이것을 더 명백하게 살펴보기 위해서 경험과학이 늘 말하는 "경험"과 "사실"이 구체적으로 우리의 삶에 있어서 무엇을 의미하는지 알아보자.

15

일차원적 지식

부정적 사유와 긍정적 사유 / 경험과학의 보수성 / 종으로서의 지성인

마르쿠제(Marcuse)는 그의 책 "일차원적 인간"[1]에서 이른바 과학주의적인 환상이 가져온 일차원적인 지식의 본질을 논술하고 있다. 마르쿠제는 먼저 인간의 사유에는 두 차원이 있다고 한다. "우리 앞에 주어져 있는 대로의 현실의 세계, 그것은 진리가 아니다"라고 생각하는 부정적 사유와 "우리 앞에 주어져 있는 현실의 세계 그것이 진리이다"라고 생각하는 긍정적인 사유를 인간의 사유의 서로 다른 두 가지 차원들로 구별한다. 부정적인 사유는 "모순"을 중요시하고 그것을 발견해서 그것을 계기로 논리를 전개한다. 그러나 긍정적인 사유는 처음부터 "모순"을 배제한다. 그런데 마르쿠제에 이하면 과학주의의 환상 아래 이른바 경험적인 사실에만 밀착한 현대인의 사유는 그 부정적인 차원을 상실해 버리고 긍정적인 차원만 발전시켰다는 것이다. 그런데 이러한 긍정적인 사유가 기술적인 합

---

1) Herbert Marcuse, *Der eindimensionaler Mensch*, Ulm 1964.

리주의와 결합해서 인간의 삶의 세계를 거의 완전히 기계화하고 물질화해 버린다고 마르쿠제는 주장한다. 그런데 이러한 기계화와 물질화의 과정은 사회와 인간을 지배하는 가장 효율적인 수단으로서 곧 정치적인 의미와 목적을 가졌다고 사회철학자 마르쿠제는 말한다. 현대인의 사유와 현대 철학은 일상생활의 물질화된 표면세계에만 관심을 쏟고 있다. "경험" "실증" 이러한 개념들이 현대인의 사유를 그 물질화된 표면세계에 묶어 둔다는 것이다.[2] 그러므로 그 표면 세계를 초월해서 부정의 원리를 통하여 현실의 뒷면을 볼 수 있는 능력을 현대인은 거의 상실해 버렸다. 현대과학의 경험주의와 실증주의가 인간의 사유와 언어를 모순과 환상과 초월로부터 완전히 깨끗하게 분리시켜 버리려고 함으로써 더욱 인간의 사유를 긍정적인 차원에만 고정시켜 버렸다. 그러나 인류의 정신문화의 역사를 살펴보면 모순의 발견, 환상에의 지향, 현실의 초월은 언제나 형식 논리나 인간의 상식 저편에 있는 새로운 앎의 영역을 우리에게 열어주었던 것이다. 그런데 현대의 일차원적인 사유는 이러한 새로운 앎의 영역에의 길을 차단해 버림으로써 하나의 폐쇄적이고 기계적인 세계를 창조했다. 구차한 외부적인 요소들의 침입과 기계적으로 동조하지 않는 요소들의 개입을 봉쇄해 버리는 그러한 자동화된 기계적인 세계를 창조했다는 것이다. 그러한 일차원적인 사유가 수학적으로 전개되는지 혹은 논리학적으로 전개되는지 또는 경험과학적으로 전개되는지의 구별은 그렇게 중요한 의미를 갖지 않았다. 중요한 것은 이 모든 전개에 있어서 언제나 결론은 미리 결정되어 있

---

2) Marcuse는 Wittgenstein의 일상언어 철학도 이러한 경향을 대표하는 것이라고 본다.

다는 것이다. 곧 모순과 초월을 배제한 긍정적인 대답이다.

　이러한 일차원적인 사유가 "경험적인 사실"만을 지향한다고 하면서도 실제로는 경험적인 사실을 짓밟아버린다. 왜냐하면 일차원적인 사유의 논리전개에서는 기계화된 추상적인 개인이 그 주체로서 자기 자신을 계시하는데 이 기계적인 추상적인 개인은 그에게 주어져 있는 사실만을 기록하는, 그리고 일차원적인 조종당하는 존재이기 때문이다. 경험주의와 실증주의가 말하는 경험적인 사실이라는 것은 제한된 경험의 추상화를 의미한다. 인간의 넓고 깊은 삶의 경험이 여기서는 실증주의의 칼에 의해서 모두 절단되어 버리고 아주 제한된 경험을 추상화한 것 그것이 일차원적인 지식이다. 이렇게 제한되고 추상화된 형식에 있어서의 경험적인 세계가 곧 일차원적인 사유의 대상이다. 그리고 이러한 일차원적인 사유는 그의 모든 연구와 묘사와 설명에 있어서 언제나 다의적인 것과 깊고 어두운 것을 배제해 버린다. 그러나 우리의 실제적인 경험의 세계는 일의적으로만 정의할 수 없는 다의적인 측면과 깊고 어두운 측면들을 풍부하게 가지고 있다. 일차원적인 사유가 이러한 풍부한 측면들을 외면하지 않을 수 없는 그 방법론 자체가 현실을 그 모순적인 비합리적인 심층구조에 있어서 이해할 수 있게 하는 개념들을 배제해 버린다는 것이다. "비판적인 사유가 긍정적인 사유로 전환되면서 모든 철학적인 사회적인 개념들이 조작주의적이고 행동과학적인 용어들로 번역되어 버린다"[3]고 마르쿠제는 주장한다. 이에 따라서 그러한 사유의 주체로서의 인간의 사회적인 기능도 비판과 저항에서

---

3) Marcuse, 같은 책, S. 197.

긍정과 적응에로 전환된다.

오늘날의 실증주의적인 분석철학은 "치료적인 성격"을 가졌다고 마르쿠제는 비꼬아 말한다. 분석철학은 인간의 사유를 환상과 모순과 어두움과 불가해의 비밀과 대답할 수 없는 질문들로부터 치료하려고 한다는 것이다. 이 경우에 환자는 누구를 말하는지? 그의 정신과 언어가 기계적인 사회의 일상적인 언어와 합치되지 않는 지성인들을 말한다. 기계적으로 짜여진 폐쇄적인 기성사회의 구조에 적응하지 못하는 지성인을 말한다. 분석철학의 이러한 치료적인 성격은 어느 정도 정신분석적인 근거를 갖고 있다. 그러나 프로이드 (Freud)에 의하면 환자의 정신적인 불균형은 정신분석을 통해서는 치료할 수 없는 일반사회적인 정신적 불균형에 근거한 것이다. 달리 말하면 프로이드에 의하면 환자의 정신착란은 병든 사회에 대한 반발이라는 것이다. 그러나 환자를 치료하는 의사는 그러한 사회윤리적인 문제를 다루지는 않는다. 그 주어져 있는 곧 병든 세계 안에서 적응하고 정상적으로 행동할 수 있도록 치료한다. 분석철학은 이와 같이 인간을 기계적이고 폐쇄적인 그리고 기술적으로 합리화된 세계에 적응시키려고 한다. 이러한 적응을 방해하는 모든 꿈과 비판과 초월은 인간이 그것으로부터 해방되어야 할 구속이라는 것이다. 그러나 철학은 원래 주어져 있는 현실에 적응하도록 인간을 가르치지는 않았다. 현상 그대로가 본질은 아니었으며 경험적인 사실 그대로가 진리는 아니었다. 모든 것은 있는 그대로 내버려두는 것이 아니고 늘 존재를 넘어서 당위를 지향했다. 마르쿠제는 다음과 같이 주장한다. "인간이 그 안에서 살고 그 안에서 생각하는 억압적인 상황 아래서 우리는 사유가 현상유지의 테두리 안에서의 실용적인 수단만을 지향하지 않으려면 경험적인 사실들의 배후를 뚫고 들어감으로써 사실들 자체를 바로 인식하고 그 사실들과 대결할 수 있어야 한다.[4] 경험적인 사실의 표면만 다루는 일차원적인 사유는 사실 그 자체도 "정당하게" 인식하지 못한다는 것이다. "정당하게"라는 것은 억압적인 상황에도 불구하고 현상유지의 테두리 안에서의 실용적인 적응만을 꾀하지 않고 그 억압적인 상황의 비판과 혁신을 도모하는 방향을 의미한다. 실증주의가 말하는 경험이라는 것은 늘 표면에서 일어나는 경험이다. 그러나 우리의 세계는 직접적인 경험의 표면 배후에 있는 "이면적인 진실"의 현상인 것이다. 그 이면적인 진실의 주체는 인간실존이다. 이 인간실존은 일차원적인 사유의 기계적인 주체도 아니고 논리적인 이론의 추상적인 주체도 아니고 과학적인 계량의 조작된 주체도 아니다. 인간실존은 자연과 사회와의 싸움의 주체이다. 사실이라는 것은 바로 이러한 싸움의 과정을 의미한다.

그러므로 실증주의적이고 경험주의적인 표면적 사실을 뚫고 그 기계적이고 안일적이고 폐쇄적인 세계를 부수고 그 이면에 들어가면 거기에 철학적인 지식의 새로운 지평이 있다. 경험과학들의 방법론은 사실을 지향하고 직접적인 경험의 사실을 다루려고 한다. 경험과학적인 방법론도 사실과 그 현상의 대립관계 속에서 발전한다. 그러나 여기에서는 사유의 주체와 사유의 대상의 연결이 전연 다르다. 경험과학에 있어서는 모든 개성들을 배제하고 다만 관찰하고 계산

---

4) Marcuse, 같은 책, S. 199.

하고 기록하고 실험하고 하는 추상화된 주체가 지식의 매개체이다. 여기서는 추상적인 주체가 추상적인 대상을 설계하고 결정한다. 그러나 구체적인 삶의 세계에 있어서는 느끼고 생각하고 행동하고 싸우고 전통에 의존하면서 이상과 기대를 가지고 사는 인간실존이 지식을 매개하는 주체이다. 여기서는 구체적인 주체가 구체적인 대상을 설계하고 결정한다고 사회철학자 마르쿠제는 생각한다.

　마르쿠제는 이와 같이 일차원적인 사유의 성격을 밝히면서 특히 이러한 일차원적인 사유에 의해서 뒷받침된 경험주의적 사회과학자들이 늘 현상유지의 테두리 안에서 실용적인 문제만을 다룬다고 한다. 따라서 본질적인 억압적인 상황에도 불구하고 그들의 연구 작업 그 자체는 늘 보수적이다. 그들은 합리화라는 이름 아래 표면적인 상황의 조종만을 지향하고 이를 위한 기술적인 지식만을 제공한다. 그리고 심층적인 모순을 은폐함으로써 현재의 지배세력에 봉사한다는 것이다. 이런 의미에서의 지식이라는 것은 다만 지배를 위한 도구에 지나지 않는다. 이른바 사회과학의 경험과학적인 연구에 있어서 그들은 이미 그 문제의식과 문제제시의 방향과 가설의 성격에 있어서 언제나 지배세력의 이데올로기를 전제하고 있다. 그리고 지배세력이 필요로 하는 기술적인 지식을 제공하는데 봉사한다. 그러나 이데올로기 그 자체를 비판할 수 있는 근본적인 반성은 경험과학의 이름으로 깨끗이 면제된다. 경험주의적인 사회과학들의 이러한 보수성은 이를 뒷받침하고 있는 일차원적인 사유와 그 방법론에 본질적으로 필연적으로 따라오는 것이어서 결코 우연한 것이 아니다. 마르쿠제가 말하는 그러한 일차원적인 사유로 인해서 지성인은 이미 기술자로 변화해 가고 있으며 예언자도 선지자도 혁명가도 아니고 다만 지배자의 종이 되어가고 있다고 그는 비난한다.

원래 자연을 지배하기 위한 하나의 전제 조건이었던 수량화가 여기서는 인간에 의한 인간들의 지배를 위해서 효율적으로 이용된다. 실증할 수 있는 경험적인 사실에의 집착을 통해서 그들의 관심을 표면적인 물거품에 고정시킨다. 대해의 밑바닥에서 울려오는 소리에는 귀를 기울이지 않아도 된다. 혹은 귀를 기울이지 않아야 한다. 가치중립성의 요청에 의해서 그 사회의 지배적인 이데올로기에 무비판적으로 봉사하게 된다. 아무런 양심의 거리낌없이 지배층의 도구가 될 수 있다. 이것이 일차원적인 지식의 본질이다.

그러나 원래 인간의 사유는 두 가지 차원을 가졌었다. 표면적인 사실을 존중하면서도 심층적인 요소를 파고 들어가고 보이는 세계뿐만 아니라 보이지 않는 세계의 구조를 살피고 현실에 적응하기만 하는 것이 아니고 늘 현실을 초월해서 이를 비판하고 조화하면서도 부단히 대결하는 그러한 성격을 가졌다. 일차원적인 지식은 현대문명과 현대산업사회가 낳은 기형아이다. 표면에 나타나 있는 그대로의 현실은 진리가 아니다. 진리는 감춰져 있으며 따라서 그것은 쟁취되어야 한다. 일차원적인 사유는 이것을 모른다.

16

인식과 존재

이론의 본질 / 세 가지 관심들 / 인식을 위한 관심의 근거

마르쿠제의 사회철학적인 비판에서도 잘 드러난 바와 같이 인간의 인식은 단순히 백지와 같은 무전제의 의식 위에 보편적인 법칙에 따라서 전개되는 것이 아니고 그 인식주체로서의 인간존재와 연결된 것이다. 다시 말하면 앎은 추상적인 이성만의 노름이 아니고 인간의 삶의 역할이라는 것이다. 이러한 사실은 하버마스 (Habermas)의 최근의 연구 "인식과 관심"(Erkenntnis und Interesse)[1]에 의해서도 더 명백하게 드러났다.

일반적으로 지성인들은 언제나 성급한 실천과 경솔한 행동을 삼가고 "이론"에 치중하는 경향을 가졌다. 이런 경향은 서양철학의 오랜 전통에 뿌리박고 있다. 그래서 하버마스는 이 "이론"이라는 개념을 먼저 분석하고 해석한다. "Theorie"라는 말은 원래 종교적인 의미를 가진 말이었다. 희랍의 도시들이 대표자로 뽑아서 공동

---

1) J. Habermas *Erkenntnis und Interesse*, Frankfurt 1968.

의 축제에 사신으로 보내는 신의 이름이 Theoros이다. 곧 Theoros
는 관람하면서 거룩한 의식에 참예하는 것이다. 그래서 철학적으로
는 Theoros는 "우주를 바라보는 것"을 의미하게 되었다. 공동의 축
제 대신에 이제 우주를 바라보는 것이다. 그런데 철학자가 영원한
질서를 "바라본다"는 것은 바로 자기 자신이 그 우주의 질서에 적
응하고 그 속에서 자기의 인격을 이룩한다는 것을 함께 의미한다.
그는 그 우주의 질서를 본받아서 곧 "미메시스"(Mimesis)를 통해
서 자기 자신을 형성한다. 그러므로 이론(Theoria)은 미메시스를
통해서 실천(Praxis)과 연결된다. 그런데 이와 같은 원초적인 "이
론"의 개념은 그후 많이 달라졌다.

경험적이고 분석적인 과학들은 독단적인 선입관과 주관적 이해
(利害) 관계의 영향에서 완전히 벗어난 이론들을 전개하려고 한다.
그러면서도 전통적인 철학의 이론관과 마찬가지로 우주를 그의 합
법칙적인 질서에 있어서 이론적으로 있는 그대로 관찰하려고 한다.
그러나 역사적이고 해석학적인 학문들은 매우 다른 이론관을 갖고
있다. 이러한 학문들은 역사와 더불어 변화하는 사실들의 의미를
이해하려고 한다. 그러므로 보편적인 법칙을 발견하려고 하지 않는
다. 그러나 주어져 있는 현실의 구조를 이론적으로 묘사하려고 하
는데 있어서는 경험적이고 분석적인 과학들과 마찬가지다. 그런데
경험적이고 분석적인 과학들은 이른바 "가치중립성"의 요청에 의해
서 원초적인 이론의 개념에서 완전히 떠나버리게 되었다. 가치중립
성으로 인해서 이론과 실천이 연결될 수 없게 되었기 때문이다. 가
치중립성으로 인해서 미메시스의 의미가 상실되었다는 것이다. 다

시 말하면 경험적이고 분석적인 과학들은 우주를 이론적으로 관찰하는 것과 인식주체에 의존하지 않는 객관적인 세계를 전제하는데 있어서는 전통적인 철학의 태도마 마찬가지지만 이론과 실천의 매개를 상실한 점에 있어서는 전통적인 이론관을 완전히 떠나버린 것이다.

하버마스는 가치중립성의 개념에 대해서 매우 비판적이다. 실증주의적인 과학들이 가치중립성을 요청하는 근거는 그들의 이론의 "객관성"을 위한 것이다. 그러나 하버마스에 의하면 순수한 이론의 "객관성"이란 실증주의적인 과학들이 전통적인 철학에서 이어받은 존재론적인 환상이라는 것이다. 모든 과학적인 관찰과 진술은 언제나 일정한 "관련체계"(Bezugssystem)를 전제로 하고서만 가능하다. 그 관련체계 안에서만 그 진술이 비로소 일정한 의미를 갖게 되기 때문이다. 그러므로 모든 과학적인 기술들은 이 일정한 관련체계와의 상대적인 관계에 있어서만 그 의미가 이해될 수 있다. 이러한 관련체계를 생각하면 객관주의의 환상은 무너지고 인식을 이끌어가는 어떤 기본적인 관심이 있을 수 있다는 것을 이해하게 될 것이다. 다시 말하면 과학적인 관찰과 진술의 토대가 되는 이른바 관련체계는 인식주체로서의 인간의 관심의 성격과 방향에 따라서 그 구조가 달라질 수 있기 때문이다.

하버마스는 이렇게 해서 인식의 세 가지 종류에 따라서 다음과 같은 세 가지 "관심"들을 말하고 있다. 다시 말하면 논리적이고 방법론적인 규정과 그 인식을 이끌어가는 "관심" 사이에는 일정한 관계가 있다는 것이다. 그런데 이러한 일정한 관계를 분석하는 것이 실증주의를 극복하는 비판적인 과학철학의 과제라고 하버마스는 말한다. 경험적이고 분석적인 과학들의 기본적인 성향에는 이미 "기술적인 관심"이 밑받침하고 있고 역사적이고 해석학적인 과학들의 기본적인 성향에는 이미 "실천적인 관심"이 도사리고 있고 이른바 비판적인 변증법적인 과학들[2]의 기본적인 성향에는 "혁신적인 관심"이 뿌리박고 있다는 것이다. 여기에서 관심이라는 것은 인식주체의 태도와 그 목적의식을 함께 의미하는 것으로서 이미 가치판단을 그 속에 내포하고 있는 것이다. 달리 말하면 그것은 인식주체의 "의도"라고도 할 수 있다.

경험적이고 분석적인 과학들에 있어서는 경험과학적인 진술들의 의미를 미리 결정하는 관련체계가 이론전개와 그 비판적인 증명을 위한 규정들을 확정한다.[3] 여기에서 모든 이론들은 가설적인 법칙을 지향하는데 이 법칙은 연역을 통해서 경험적인 사실들에 대한 진술과 연결되고 다시 경험적인 사실들에 대한 진술들은 귀납을 통해서 그 가설적인 법칙에 이른다. 그 가설적인 법칙은 동일한 출발조건들 아래서는 같은 결과를 예보한다. 경험적이고 분석적인 지식은 따라서 가능한 예보적인 지식이다. 그런데 이러한 예보의 의미는 곧 그것의 기술적인 이용에 있다. 일정한 출발조건들 아래서 나타날 수 있는 일정한 결과를 미리 알게 되면 그것은 쉽게 기술적으로 이용될 수 있기 때문이다.

때로는 실험의 형식을 취하는 엄밀하게 조작된 관찰에 있어서 우

---

2) Habermas 자신이 비판적이고 변증법적인 사회과학 방법론을 제의하고 있다.
3) K. Popper, *The Logic of Scientific Discovery*, London 1959, 참조.

리는 먼저 출발조건들을 설정하고 거기에서 실시된 조작들의 결과
들을 계산한다. 그리고 모든 이론전개는 기록문장들(Protocoll-
sentence, Basissätze)에 표현된 관찰들에 기초하기 때문에 경험
주의는 그의 이론의 객관성을 믿는다. 그러나 그 기록문장들은 사
실들 자체의 완전한 객관적인 묘사는 아니고 그 관찰을 위한 우리
의 조작들의 긍정적인 부정적인 성과들을 표현하는 것이다. 다시
말하면 기술적인 조작들에 이해서, 그 영향 아래서만 드러난 것들
을 표현한 것이다. 경험과학들은 사실들과 그 사실들 간의 관계들
을 "묘사" 한다고 말한다. 그러나 여기에서 경험과학적으로 다루어
지는 사실들이라는 것은 언제나 기술적인 조작 또한 적어도 도구들
을 통한 행동들에 의해서 구성된 것이라는 것을 부인할 수 없다. 그
러므로 경험과학적인 이론들은 언제나 도구와 기술을 통해서 인간
의 행동을 확대하고 그것을 예보적으로 확인하려는 의도적인 관심
아래서 현실을 그러한 방향으로 설명하는 것이다. 이것이 바로 대
상화된 현실을 기술적으로 지배하려는 "의도" 혹은 "관심" 으로서
경험과학적인 인식을 이끌어간다. 그러므로 경험과학적인 과학들의
지식들은 처음부터 대상화된 현실을 기술적으로 지배하는데 이용할
수 있는 성격의 것이다.

　역사적이고 해석학적인 과학들은 그들의 인식을 전연 다른 방법
론적인 영역에서 전개한다. 역사적이고 해석학적인 과학들의 진술
들의 타당성과 그 의미는 기술적인 지배의 관련체계 안에서 드러나
는 것이 아니다. 여기서는 직접적인 관찰 대신에 "의미 이해" 가 사
실들에 도달하는 통로가 된다. 가설적인 법칙을 증명하는 대신에

여기서는 주어진 원본의 해석이 중요하다. 그러므로 해석학적인 규정들이 이른바 정신과학적인 규정들 중에서 가장 중요한 것이다. 왜냐하면 전이해가 해석학적인 지식들을 매개하기 때문이다. 물론 전이해가 여기 경험적이고 분석적인 과학들과 대립되는 역사적이고 해석학적인 과학들에 있어서만 의미를 갖는 것은 아니다. 그것은 인간 전체적인 인식작업의 기반이기 때문이다. 역사적이고 해석학적인 과학들에 있어서 "의미이해"라는 것은 흔히 역사주의가 생각하는 것처럼 전통적인 사실들의 내용을 그 역사적인 조건 아래서만 파악하는 것이 아니고 그것을 인식주체로서의 자기 자신과 자기의 상황에 적용해서 받아들이는 것을 말한다.

그러므로 여기에서 방법론적인 규정들은 "해석"(Anslegung)을 "적용"(Applikation)과 결합시킨다. 따라서 해석학적인 연구는 현실을 행동을 유도하기 위한 상호이해의 간주체성(Intersubjektivität)을 보존하고 확대하려는 의도와 관심 아래서 밝히려는 것이라고 할 수 있다. 여기에서 "의미 이해"라는 것은 하나의 전통적인 지평 안에서의 행동주체들의 공동의 광장을 지향하는 것이다. 이것은 기술적인 관심과는 다르기 때문에 실천적인 관심이라고 했다.

조직적인 행동과학들 곧 경제학, 사회학, 정치학 등은 경험적이고 분석적인 자연과학들과 마찬가지로 법칙적인 지식들 곧 기술적으로 대상을 지배하기 위한 지식들을 얻는 것을 목적으로 한다.[4] 그러나 비판적인 사회과학은 거기에 그칠 수가 없다고 하버마스는 주장한

---

4) E. Topitsch, *Logik der Sozialwissenschaften*, Köln 1965, 참조.

다. 사회과학적인 이론이 어떤 조건 아래서 사회적인 행동의 불변의 법칙을 파악할 수 있고 또 어떤 조건 아래서 이데올로기적으로 경화된, 따라서 근본적으로는 가변적인 단순한 의존관계를 파악하는가를 비판해야 한다. 경험주의적인 사회과학자들은 흔히 이러한 이데올로기적으로 경화된 단순한 의존관계를 무비판적으로 법칙으로서 받아들이려고 한다. 비판적인 사회과학들이 추구하려는 이데올로기 비판과 심리분석은 곧 그 사회의 성찰과 반응을 불러일으킬 수 있다. 여기에서는 비판적인 진술의 타당성과 그 의미를 결정하는 방법론적인 관련체계는 "성찰"(Reflexion)의 개념을 토대로 한다. 이 성찰을 통해서 인식주체가 가설적인 법칙으로부터 해방된다. 따라서 이러한 성찰은 늘 혁신적인 의도 내지 관심에 의해서 이끌려간다.

보기를 들면 안정된 산업사회에서 노동자들의 자녀들이 학문에 성공하는 경우가 매우 드물다는 것을 경험적인 연구가 밝혀냈다고 하자. 성공하지 못하는 이유는 첫째로 노동자들의 가정에서 자라나면서 학문적인 고급언어에 익숙하지 못했기 때문이라고 한다. 이것은 법칙이 될 수 없는 우연한 의존관계이다. 그리고 그것은 이데올로기적으로 계급적으로 경화된 사회구조의 죄에 불과하다. 이런 것을 비판적으로 밝혀내고 그 노동자들과 그 자녀들에게 성찰의 기회를 주어 그러한 가설적인 법칙을 벗어나게 하는 것이 비판적인 사회과학의 과제라는 것이다. 하버마스는 이런 점에서 비판적인 사회과학과 철학이 사명을 같이한다고 주장하고 있다. 그러나 철학이 인식과 관심, 지식과 행동을 분리시키고 이론과 삶의 결단을 분리시키는 객관주의나 과학주의의 환상에 붙들려 있는 한 그러한 사명을 자각하지 못할 것이다. 철학은 그러한 객관주의와 과학주의를 비판함으로써만 그리고 인식과 그 기본적인 관심의 의존관계를 깨달음으로써만 결단과 실천을 위한 힘을 얻게 될 것이다. 여기에서 철학은 비로소 행동적인 지식을 매개할 수 있게 될 것이다.

"이념" 혹은 "신념"이라는 이름 아래서 경화된 잘못된 선입관이 우리의 인식을 잘못 유도할 수 있다. 그런데 이 이념 혹은 신념이라는 것이 개인의 것이 아니고 집단의 것이고 사회적인 성격의 것일 경우 우리는 그것을 이데올로기라고 할 수 있다. 사회전체의 경화된 선입관이 개인을 억압하고 그 인식을 오도할 경우 이것은 우리의 삶을 위해서 매우 부정적이고 숙명적인 의미를 가졌다. 그러므로 과학이 이러한 잘못된 선입관과 숨은 잘못된 의도들과 관심들을 그의 인식작업에서 배제하려는 것은 당연한 일이다. 과학은 그의 지식을 그러한 영향으로부터 보호해야 하기 때문이다. "지식사회학"(Wissenssoziologie)은 그러한 영향을 분석하는 것을 과제로 한다. 그러나 인간의 모든 인식작업의 근본적인 계기가 되고 그 인식작업의 의미를 결정하는 관련체계의 성격을 규정하고 또한 그 인식의 가능한 객관성의 조건을 마련하는 근본적인 의도 혹은 관심에서 눈을 돌리는 것은 객관주의의 환상의 맹점이다. 우리가 지금까지 살펴본 전이해의 지평을 전연 성찰하지 못하는 것은 과학주의의 맹점이라는 것이다. 과학은 그의 지식의 객관성을 경화된 선입관과 잘못된 의도나 관심의 압력으로부터 주의 깊게 쟁취해야 하는 것이지 그 객관성은 아무 성찰도 아무 비판도 없이 특수한 방법론에 의해서 보편적으로 보장된 것은 아니다. 하버마스에 의하면 대상을 기술적으로 이용하고 지배하려는 관심과 전통적인 삶의 세계의 유산의 지평 안에서 상호이해하고 상호교제하려는 실천적인 관심과 경화된 삶의 구조의 압력에서 인간을 해방하려는 혁신적인 관심은 각각 특수한 일정한 관점들을 미리 제시하고 우리는 그 관점 아래서만 현실을 현실로서 파악한다. 우리의 현실 파악을 위한 선험적인 지평이 이렇게 해서 주어지는 것이다. 그리고 그러한 특수한 관점들을 통해서 인식 주체와 인식대상이 특수하게 연결된다. 그러므로 우리의 인식작업은 어떠한 경우에 있어서도 깨끗이 청소된 백지 위에서 무전제로 출발하는 것은 아니다. 사실의 모든 묘사와 기록은 늘 일정한 관련 체계의 기준 안에서만 가능하다. 왜냐하면 그 묘사와 기록의 문장과 언어와 기호가 그 관련체계 안에서만 일정한 의미를 갖기 때문이다.

인간의 인식이란 깨끗한 백지와 같은 의식 위에 추상적인 이성에 의해서 보편적인 논리에 따라 전개되는 것이 아니고 일정한 사회구조 안에서 자연과 대결하면서 늘 구체적인 의도와 관심을 가지고 살아가는 삶의 작업이다. 그러므로 여기서는 지식과 행동, 이론과 실천, 학문과 인격, 사유와 결단이 분리될 수 없다. 하버마스는 그의 이른바 인식과 관심의 관계를 더 깊이 살피기 위해서 다음과 같이 다섯 가지 명제들을 내세운다.[5]

첫째, 인식주체로서의 인간의 역할은 인간의 자연적 삶 속에 그 근거를 가지고 있다. 자연과 대결하고 자연을 이용하는 그리고 생

---

5) J. Habermas, *Technik und Wissenschaft als Ideologie*, Frankfurt 1968, S. 161, 참조.

물학적인 존재로서의 인간의 삶 속에 그 근거를 갖고 있다는 것이다. 인간의 지식을 필요로 하는 것은 하나의 생물로서의 인간이 자연 속에서 자기의 생존을 보호하기 위한 것이다. 그러므로 인식을 위한 기본적인 관심은 첫째로 인간의 자연적인 삶 속에 그 근거를 갖고 있다는 것이다.

둘째로, 인식은 자기보존의 수단이며 또한 동시에 단순한 자기보존을 초월한다. 인간의 자기보존은 다른 동물들과 같은 단순한 자연적인 성격만을 가진 것은 아니다. 인간에게 있어서는 자기보존은 곧 문화적이고 사회적인 성격을 갖는다. 그러므로 인간의 인식은 인간의 사회화와 밀접하게 연결된다. 문화적인 사회적인 차원에서는 인간의 지식은 이미 자연적인 본능충족을 위한 도구에 머무르지 않는다. 인간은 문화와 사회의 차원에서는 더 값있는 삶을 지향한다.

셋째로, 인간의 인식을 이끌어가는 의도 혹은 관심들은 노동과 언어와 통치를 매개로 해서 형성된다. 인간의 사회화는 노동과 언어와 통치를 통해서 이루어진다. 사회적인 노동과 언어적인 접촉과 이해, 그리고 정치적인 지배를 통해서 인간은 그의 실존을 확실하게 보존한다. 인식주체로서의 인간은 지식들을 통해서 그의 외부적인 삶의 세계와 접촉, 이해할 수 있게 되고 또한 지식들을 통해서 본능적인 요청들과 사회적인 규범들과 갈등 속에서 자기의 동일성을 보존하게 된다. 우리의 인식을 이끌어가는 관심들은 이러한 인간존재와 연결된 것이다.

넷째로, 자아성찰의 힘 안에서 인식과 관심은 하나가 된다. 인식주체로서의 인간의 의도와 관심에서 전연 자유로운 순수한 이론이나 완전한 객관적인 지식은 없다고 우리는 여러 번 말한 바 있다. 그러나 자아성찰을 통해서만 인간은 그의 인식을 이끌어가는 의도와 관심을 깨달을 수 있고 그것을 깨달음으로써 그 의도와 관심을 이성적으로 성숙하게 만들 수 있다. 이성이란 이성에의 의지를 함께 의미한다. 자아성찰을 통해서만 이성적인 인식에 이를 수 있다.

다섯째로, 인식과 관심의 통일은 억압된 대화의 역사적인 흔적으로부터 억압된 것 그 자체를 재생시키는 변증법 속에서 보존된다. 개방적인 대화, 자유로운 진리의 추구를 억압하는 요소들을 배제하고 억압된 대화를 그 억압에서 해방시켜야 인식과 관심의 통일은 진리로서 보존된다. 하버마스에 의하면 해방된 사회에 있어서만 곧 모든 시민들이 성숙을 실현한 사회에 있어서만 모든 사람들의 모든 사람들과의 구김새없는 대화가 이루어진다. 그리고 우리는 이러한 대화를 통해서만 상호접촉에 의한 자아의 동일성과 참다운 합일의 이념을 얻을 수 있다. 그래서 진리는 성숙된 삶에 근거한다고 말한다. 이런 의미에서 우리는 다시 진리가 무엇인지 살펴볼 것이다.

경험과학들은 그들의 인식의 객관성을 표방하지만 그러나 그 지식들이 실제로 이렇게 혹은 저렇게 이용되는 것을 막을 수는 없다. 다시 말하면 이른바 객관주의나 가치중립의 요청은 과학적인 지식들이 우리의 삶에 이렇게 혹은 저렇게 참여하는 것을 막지는 못한다. 그런데 그 지식들은 문제없이 합리적으로 작용하는 것은 아니다. 실증주의적인 과학들은 합리적인 행동보다도 늘 기술을 앞세운다. 그리고 경험과학적인 정보들과 수량화된 대상들을 기술적으로 조종함으로써 역사를 지배할 수 있다는 환상적인 생각 아래서 이용한다. 역사과학들도 역사주의에 의해서 그들의 지식을 객관화했다. "있었던 그대로를 묘사하는 것"이 역사학이라는 것이었다. 여기서도 중성화된 지식들은 살아 있는 전통을 받아들여 그것을 "지금" "여기에서" 되살리지는 못했다. 그것들은 역사를 박물관으로 몰아넣어버렸다. 역사는 우리의 삶의 세계 안에 살아 있어야 한다.

과학주의와 역사주의에 의해서 밑받침된 이러한 객관주의는 행동의 주체로서의 인간이 그의 목표와 목적에 관해서 합리적으로 살펴보아야 할 그러한 차원을 인식의 영역에서 배제함으로써 그러한 중요한 차원을 맹목적인 믿음이나 물질적인 가치추구의 충동에 내맡겨 버린다. 그러므로 과학적 지식의 객관주의나 잘못 이해된 가치중립성은 당파적인 독단주의에 의해서 쉽게 이용될 수 있다. 하버마스는 따라서 그러한 객관주의를 비판함으로써 그 밑에 감추어진 진실 곧 인식과 관심의 관계를 밝히고 이를 통해서 인간의 지식이 당파적인 독단주의에 의해서 도구로 이용되는 것을 막아야 한다고 생각한다.

인간의 인식은 언제나 일정한 의도나 관심에 의해서 이끌려간다. 그리고 그러한 의도나 관심은 일정한 사회적인 상황 속에서 느끼고 괴로워하고 싸우고 하면서 살아가는 인간존재에 근거하는 것이다. 그러므로 얇은 피와 땀으로 살아가는 인간존재의 소산이다. 그러므로 하버마스는 다음과 같이 말한다. "어떤 진술들이 진리냐 아니냐는 것은 그 사람의 진실된 삶의 의도에 달려 있다."[6]

---

6) J. Habermas, *Technik und Wissenschaft als Ideologie*, Frankfurt 1968. S. 167.

17

가치중립성

막스 베버의 가치중립성 / 실증주의의 교조 / 과학적 연구의 가치성

최근에 과학적인 지식의 가치판단과의 관계에 대해서 많은 논쟁이 벌어지고 있다. 과학적인 인식의 가치중립성에 관한 문제이다. 이미 몇 번이나 논급된 바와 같이 이 가치중립성의 요청이 잘못 이해되어 지식과 행동을 분리시키고 지식을 완전히 수단화해 버리는 폐단이 있다. 그러나 가치중립성의 개념은 여러 가지 차원을 가지고 있다. 그러므로 이 문제에 관한 조급한 결론은 삼가는 것이 좋다고 나는 생각한다. 특히 사회과학자들 사이에서 가치중립성에 대한 논쟁이 계속 그칠 줄을 모르는 것은 이 문제가 여러 가지 입장에서 여러 가지로 전망될 수 있는 여러 가지 의미를 가졌다는 것을 의미한다. 그러므로 우리는 여기에서 이 문제를 우리의 주제와 관계되는 방향에서 살펴보려고 한다.

과학적 인식의 가치중립성에 대한 논쟁은 막스 베버(Max Weber)로부터 비롯한다. 막스 베버의 방법론적인 의도는 사회과학

의 객관성과 특성을 확보하고 사회과학과 정치를 깨끗하게 분리시킴으로써 사회과학자이며 정치가인 자기 자신이 인격의 통일성을 보장하려는데 있다. 사회과학과 정치의 분리에 관한 그의 사상은 다음과 같은 삼단계적인 이념들을 내포하고 있다. 첫째로 과학과 정치의 논리적인 분리 이것은 더 정확하게 말하면 과학적인 지식과 정치적인 행동의 분리를 의미한다. 둘째로는 정치를 위한 과학의 공헌 곧 과학적인 지식이 정치적인 행동에 이바지하는 것을 말한다. 셋째로는 과학자의 연구와 정치가의 행동 사이의 양식상응(樣式相應)에 관한 이념이다.

과학과 정치의 논리적인 분리는 존재(Sein)와 당위(Sollen)의 대립 곧 사실판단과 가치판단의 대립 과학과 도덕의 대립에 근거한다. 그러므로 사실을 사실대로만 관찰하는 역사학자 사회학자 경제학자 정치학자는 그 사실에 대한 자기들 스스로의 태도를 결정하고 그 사실에 직접 참여하는 것을 삼가야 한다는 것이다. 그들은 어떤 현상을 비난하거나 찬양할 수가 없다는 것이다. 순수한 과학은 인간의 행동의 문제들을 해결할 수는 없다. 왜냐하면 인간의 행동은 가치판단에 근거하기 때문이다.

그런데 오늘날에 있어서는 막스 베버의 이러한 사상은 인간의 행동을 위해서 중요한 가치판단의 문제를 학문적인 반성의 영역 밖으로 내쫓아버리고 그리고 과학적인 지식을 책임없는 도구들의 창고에 가두어 버린다고 비난받는다. 그러나 이와 같이 가치중립성의 개념이 실증주의적으로 이해되고 비난받는 것과는 달리 막스 베버 자신은 가치판단의 문제를 소홀히 하려는 것은 아니고 반대로 인간의 행동의 영역을 실증주의로부터 보호하려고 했다. 실증주의자 콩트(Auguste Comte)가 내세우는 공식은 다음과 같다. 천문학과 물리학에 있어서는 의식의 자유는 없다. 그러므로 사회과학이 성숙되면 정치에 있어서도 자유는 없어질 것이다. 천체와 자연이 필연적인 법칙에 의해서 움직이는 것처럼 인간도 역시 필연적인 사회법칙에 의해서 움직이기 때문에 실제로는 이것은 행동의 자유가 없다는 것을 의미한다. 이것은 오늘날도 역시 실증주의적인 경향의 모든 과학들이 무의식적으로 혹은 표면적으로 전제하고 있는 교조이다. 인간의 실천적인 행동을 과학적으로 발견된 법칙에 의해서 설명하고 도덕을 사회과학에 근거시키려고 하고 또한 양심과 윤리의 규범을 보편적인 법칙의 차원에서 찾으려는 모든 시도들은 인간의 문제들을 과학적으로 해결할 수 있다고 믿는 실증주의적인 교조에 근거한 것이다.

그러나 막스 베버에 의하면 이러한 시도들은 현대과학의 성격과 인간의 윤리적인 결단의 조건들의 성격에 대한 잘못된 이해에서 온 것이다. 막스 베버의 눈에는 그러한 실증주의적인 과오는 과학적인 진리와 과학자의 연구태도를 위해서 위험할 뿐만 아니라 인격의 존엄성을 위해서도 매우 위험한 것으로 보였다. 왜냐하면 인격의 존엄성은 그 자유에 근거하고 있기 때문이다. 그래서 그는 과학과 정치, 인식과 가치판단을 분리시켰다. 이와 같은 의도에 의해서 제시된 가치중립성의 원리가 오늘 실증주의에 의해서 달리 이용되고 해석될 수 있을 것이라고 막스 베버는 생각하지 못했을 것이다. 가치중립성뿐만 아니라 다른 여러 가지 사회과학적인 철학적인 개념들도 그 원초적인 의미에서 멀리 떠나서 완전히 변형되는 일이 많다. "이데올로기"의 개념도 그 하나의 보기가 된다.

과학적인 인식이 가치판단과 분리된다는 것은 과학적인 지식이 인간의 행동의 문제들을 해결할 수 없다는 것을 의미하며 따라서 막스 베버의 가치중립성의 개념의 근본적인 의미는 과학의 한계성을 드러내고 윤리적인 결단의 본질을 밝히는데 있다. 과학이라는 것은 언제나 특수한 영역의 부분적인 사실들을 일정한 각도에서 다룬다. 그러므로 과학은 결코 현실의 전체를 다룰 수는 없고 또한 전체를 법칙들의 체계에 연결시킬 수도 없다. 막스 베버는 과학의 이러한 제한성을 인식하면서 그러한 과학을 과학자의 당파성에 영향받지 아니하는 순수한 영역 속에 보존하려고 했다. 이와 반대로 윤리적인 결단과 정치적인 행동은 어떠한 제약들로부터 초월해서 전인적인 책임 아래서 성취하려고 생각했다. 아롱(Raymond Aron)은 가치중립성을 하나의 방법론적인 개념으로서보다도 과학자로서는 절제가 있고 정치가로는 적극적인 막스 베버의 인간성의 표현으로 이해하려고 한다.[1]

그런데 만약 이러한 가치중립성의 개념이 실증주의에 의해서 과학의 지식의 객관성을 절대화하고 과학과 인간, 그리고 지식과 행동의 책임 있는 연결을 정기적으로 거부하는데 이용되고 과학적 인식만을 절대화하는 실증주의 세계만을 위한 도구로 이용된다면 문제의 차원은 달라진다. 특히 가치중립성의 개념이 하나의 방법론적인 요청의 의미를 넘어서 모든 과학적인 인식이 가치중립이라는 것

---

1) Raymond Aron, *Deutsche Soziologie der Gegenwart*, Stuttgart 1965, S. 114-119, 참조.

으로 맹목적으로 믿어지면 문제는 더욱 중대해진다. 미리 우리가 여러 번 말했듯이 인간의 앎은 그것이 어떤 종류의 것이든 모든 전제들과 선입관들과 전이해들과 버릇들을 깨끗이 청소해 버린 백지 위에 보편적인 논리에 의해서 그려지는 것이 아니고 인간존재를 토대로 해서 그의 삶 속에서 전개되는 것이다. 그러므로 인간의 어떠한 지식도 완전히 객관적일 수는 없으며 인간의 어떠한 앎도 완전히 가치판단에서 분리될 수는 없다. 특히 가치중립성의 개념이 모든 과학자들에게 그들의 연구에 있어서의 윤리적인 책임을 면제해 주는 것으로 믿게 만든다면 그것은 인류의 역사를 위해서 무서운 결과를 가져올 것이다. 그러므로 우리는 여기에서 가치중립성에 대한 실증주의적인 이해와 과학주의의 환상을 깨뜨리기 위해서 과학적 인식과 가치판단이 어떻게 연결되어 있는가를 알아보기로 하자.

모든 과학적인 연구는 언제나 일정한 테마의 선택으로부터 시작된다. 과학적인 인식과 가치판단의 연결은 먼저 여기 테마 선택에서 이루어진다. 어떤 관점 혹은 어떤 의도 또는 어떤 동기 아래서 과학자가 그의 연구를 위해서 하나의 특정한 테마를 선택했는가라는 문제는 가치판단의 문제와 무관할 수가 없다. 그 테마의 선정이 단순히 그 과학의 이론전개에 있어서의 하나의 구멍을 메꾸기 위한 것이라고 해도 그것은 역시 그 과학의 체계적인 이론전개를 앞세우는 가치판단이 함께 작용한 것이다. 그러나 물론 여기에 대해서 과학주의는 반론을 내세울 수 있을 것이다. 곧 여러 가지 서로 다른 동기들에서 여러 가지 서로 다른 의도에서 하나의 같은 테마를 선택해도 엄밀한 경험주의적인 방법론에 의하면 같은 결론에 도달할 수 있다. 그러므로 테마 선택에 어떤 가치판단이 작용했더라도 연구과정과 그 결론에는 아무 영향을 주지 못한다고 반박할 것이다. 그러나 우리는 이미 구체적인 연구작업에 있어서는 테마선택을 밑받침하고 있는 특수한 의도가 문제제시의 방향과 가설설정에 함께 작용할 수 있다는 것을 알고 있다. 그리고 과학자에게 있어서는 그의 연구를 위해서 무엇이 중요하고 무엇이 중요하지 않는가를 구별하는 가치판단이 매우 중요한 역할을 한다. 로버트 라인드(Robert Lynd)는 이것을 "주도적 가치"(guiding values)라고 했다.[2]

다음으로 모든 과학적인 연구는 사실을 토대로 한다. 그런데 과학들이 연구하는 사실들은 객관적인 물체처럼 단순하며 우리 앞에 주어져 있는 것이 아니다. 과학적인 연구대상으로서의 사실은 그 과학이 발전된 과학이면 과학일수록 언제나 일정한 문제의식과 이에 따르는 테마선택과 또한 연구의 진행을 위한 구체적인 문제제시와 이에 따른 방법론적인 조작을 통해서 비로소 일정한 데이터로서 드러나는 것이다. 따라서 그 사실은 객관적으로 자존하는 물자체(Ding an sich)가 아니며 이미 선발되고 해석되고 추상화된 것이다. 이러한 선발과 해석과 추상화에는 이미 일정한 가치판단이 따른다. 인간의 단순한 감성적인 지각도 이미 일정한 가치판단을 동반하는 일종의 "해석"이라고 한다. 그러나 이에 대해서 다시 과학주의는 반박하기를 그러한 가치판단의 첨부를 피하기 위해서 엄밀한 묘사와 그 수량화를 통해서 사실을 파악한다고 한다. 그렇지만 이미 살펴본 바와 같이 "묘사"라는 것은 아무런 주관도 개입하지

---

2) R. Lynd, *Knowledge for what?*, Princeton 1946, S, 191.

않는 사실의 기록이 아니고 언제나 본질적인 것과 비본질적인 것 그리고 중요한 것과 중요하지 않는 것을 가지는 선택과 해석과 재창조를 의미하는 것이다. 이러한 선택과 해석과 재창조에는 늘 일정한 가치판단이 함께 따른다.

다음으로 과학적인 이론전개에도 역시 언제나 일정한 가치판단이 함께 작용할 수 있다. 인간은 늘 의식적인 무의식적인 희망을 통해서 현실을 전망한다. 우리는 심리분석이나 지식사회학의 도움을 받지 않더라도 실제적인 보기를 통해서 그러한 사실을 알 수 있다. 막스 베버는 산업자본주의의 발단을 살피면서 기술적인 발명의 영향을 보지 않고 칼빈(Calvin)의 신교윤리의 영향만을 보았다. 많은 사회학자들이 그들의 연구와 이론전개의 과정에서 보고 싶은 것만 보고, 보고 싶지 않은 것은 보지 않는다. 막스 베버가 구라파에 있어서의 산업자본주의의 발전을 위해서 기술적인 발명보다도 신교윤리의 영향을 선택해서 본 것은 그의 가치판단에 의한 것이다. 포퍼도 "모든 사실들에 대한 과학적인 묘사들은 언제나 매우 선택적인 것이며 이러한 선택적인 입장을 피한다는 것은 불가능한 일"이라고 말한다. 그리고 "선택적인 입장을 회피하려는 모든 시도는 자기 자신만이든지 혹은 무의식적인 하나의 입장을 무비판적으로 적용하는 결과를 가져온다"고 말한다.[3] 그런데 이러한 입장의 선택은 이미 일정한 가치판단을 전제한다.

그러나 이에 대해서 과학적 인식의 객관성을 절대화하려는 과학주의는 다음과 같이 반론을 전개할 수 있다. 물론 하나의 선택적인

---

3) K. Popper, *The Open Society and Its Enemies*, London, 1952, S. 260.

입장은 과학자로 하여금 그가 보고 싶은 것을 보고 다른 것에 대해서는 눈을 감을 수 있게 한다. 그러므로 이러한 선택적인 입장이라는 것은 과학자가 어떻게 해서 그의 일정한 가설을 설정했는가를 우리에게 알려준다. 그러나 그 가설이 적당한지 부당한지에 대해서는 그 선택적인 입장은 아무 관계가 없다. 그 가설의 정당성은 경험적으로 실증되어야 한다. 이 경험적인 증명에는 그 가치판단에 물든 선택적인 입장이 영향을 줄 수 없다. 그러므로 "과학적 연구의 심리와 과학적 연구의 논리는 구별되어야 한다"[4] 고 다렌도르프(Dahrendorf)는 말한다. 그러나 그 실증된 지식이라는 것이 선택된 가설과 분리된 것은 아니기 때문에 그 지식 자체가 가치중립이라고 말할 수는 없다. 그리고 사회과학자들은 특히 그의 연구의 선택적인 입장과 그 제한성을 망각하고 이론을 경솔하게 다른 입장들에까지 적용하려고 시도하는 일이 많다. 그러므로 "가치판단에 물든 선택"이라는 것은 역시 과학적 지식과는 본질적으로 연결된 것이라고 생각해야 한다.

다음으로 가치규범 그 자체가 경험적인 연구의 대상이 되는 경우가 있다. 여기서도 특이한 형태로 과학적인 인식과 가치판단이 서로 접촉한다. 최근에는 사회적인 행동의 규범적인 요소들에 대한 경험과학적인 연구가 많은 관심을 끌고 있다. 그런데 여기에서 가치규범 자체가 경험과학적인 연구대상이 될 경우에 있어서는 일단 그것은 규범적인 성격을 상실하고 객관적인 사실로서 다루어진다고 한다. 그럼에도 불구하고 다른 사실들에 대한 연구와 마찬가지로

---

4) R. Dahrendorf, *Pfade aus Utopia*, München, 1967, S. 81.

여기서는 더욱 문제의식 입장선택 등을 통해서 이미 과학자의 가치판단이 함께 작용하는 것을 부인할 수가 없다.

다음으로는 경험과학적인 연구성과를 실제적인 목적을 위해서 이용할 때 다시 과학적인 지식과 가치판단의 연결이 드러난다. 여기에서 존재에 대한 지식과 당위의 규범이 서로 연결된다. 깊이 성찰해보면 여기에서 존재와 당위가 전연 이질적인 것으로서 처음으로 만나는 것이 아니다. 과학적인 인식 그 자체 속에 보이지 않게 이미 가치판단의 요소가 함께 작용하고 있었고 우리의 목표 설정 목적 추구도 역시 늘 사실적인 지식에 기초한다. 곧 존재를 떠나서 지향되는 당위는 없고 또한 존재는 늘 당위를 향한 전망 아래서 드러난다. 그러므로 여기 과학적 지식을 실제적인 삶에 적용하는데 드러나는 과학과 가치판단과의 접촉은 우연한 것이 아니고 오히려 본질적인 것이다.

마지막으로 과학적인 인식과 가치판단의 연결은 과학자 특히 사회과학자의 사회적인 역할에서 나타난다. 사회과학자는 그가 행동하는 것, 그가 말하는 것, 그가 발표하는 것을 통해서 사회에 크게 작용한다. 아무리 사회과학자가 그가 살고 있는 그 사회보다도 더 훌륭할 수도 없고 더 못할 수도 없다고 해도 사회과학자가 아무리 그 사회현실을 그대로 반영하는데 지나지 않는다고 해도 역시 그는 그의 행동과 그의 연구가 그 사회에 미칠 수 있는 영향에 대해서 책임을 질 줄 알아야 한다. 인간으로서의 과학자는 결코 도구를 생산하기만 하는 기계처럼 가치중립의 지식만 생산해 내는 무책임한 존재가 될 수 없다. 과학자는 이러한 책임을 가치판단에 의존하지 않고 수행할 수가 없다.

과학적 인식과 가치판단의 연결가능성을 몇 가지 단계들로 나누어서 살펴보았다. 그런데 만약 우리가 앞에서 하버마스의 연구에서 배운 바와 같이 모든 종류의 인식들의 밑바닥에는 그들을 이끌어가는 근본적인 의도 혹은 관심이 있다면 과학적인 인식의 가치중립성이란 완전히 기만이라는 것이 드러난다. 다만 과학적인 지식이 굳은 선입관이나 당파성에 의해서 짓밟히지 않고 비교적 객관적이고 초주관적인 이상에 접근할 수 있기 위해서는 맹목적으로 가치판단과의 연결을 부인할 것이 아니고 연결된 가치판단 자체를 늘 성찰하고 승화시킬 필요가 있다. 만약에 볼노브처럼 과학적 연구의 논리와 "의식적인 가치판단"을 일단 분리시키더라도 처음부터 과학적연구에 함께 작용하는 "무의식적인 가치성"은 부인할 수 없으니 이것을 성찰해야 한다는 것이다. 볼노브는 가치중립성의 논쟁에 대해서 타협적으로 "가치판단"과 "가치성"을 구별한다. 우리는 구별보다도 진실이 더 중요하다고 생각한다. 이러한 진실을 받아들이는 것이 책임 있는 과학자의 정직한 태도이다. 하버마스(Habermas)는 흔히 실증주의적인 사회과학자들이 늘 가치지향적인 인간의 사회적인 행동을 일정한 자극들에 대해서 기계적으로 반응하는 동물들의 행동과 동일하게 다루려고 하는 것을 맹렬히 비난한다. "가치규범들에 의해서 조종되는 인간의 행동은 일정한 자극에 기계적으로 반응하는 행동과는 달리 자연법칙처럼 객관적인 타당성과 구속력을 갖는 법칙이 아니고 모든 참여자들의 승인을 통해서 그 타당성이 보장되는 그러한 일정한 규칙을 따르는 것이다."[5] 그러므로 인간의 사회적인 행동은 언제나 그것을 이끌어가는 근본적인 관심과 의도 그것이 자랑하는 가치와 이념을 함께 고려하지 않으면 전연 파악될 수도 없고, 분석될 수도 없다는 것이다. 그리고 경험과학적인 사회과학들이 가치규범을 행동규범으로서가 아니라 주어진 경험적인 사실로서 다룰 수 있다고는 하지만 그러나 역시 가치의 문제는 사회과학자들에게 있어서는 어떤 사건의 의의와 마찬가지로 결국에는 "이해"되어야 할 성격의 것이기 때문에 객관적인 데이터 처리만으론 만족할 수 없다. 막스 베버는 가치중립성의 개념을 통해서 인간의 행동의 영역을 경험과학적인 조작으로부터 보호하려고 했는데 오늘날의 실증주의는 그 가치중립성의 개념을 이어받아서 그의 의도와 배치되는 일을 자행하려고 한다. 사회화한 가치규범도 역시 일상언어를 통해서 전승된 그리고 역사적으로 구체적인 특수한 사회집단의 세계관에 속하는 것이다. 그러므로 가치중립성의 교조 아래 인간의 사회적인 행동을 그의 가치지향에서 분리해서 다루는 경험과학적인 사회과학은 추상적인 데이터만 만지작거리나 가치 없는 곧 다룰 가치 없는 정보만 분석하고 있는 일이 많다. 물론 이것은 행동과학적인 연구가 특수한 문제들을 위해서 적절한 지식을 제공할 수 있고 어떤 제한된 조건들 아래서 변수들 사이의 상호관련 체계를 발견할 수 있다는 것을 부인하는 것은 아니다.

가치중립성의 요청은 다음과 같은 이원론에 근거하고 있다. 곧 사실에 관한 지식과 윤리적인 결단을 전연 서로 다른 차원에 속하는 것으로 인정하고 있다. 자연적인 혹은 역사적인 현상들에게서 발견

---

5) J. Habermas, *Zur Logik der Sozialwissenschaften*, Tübingen, 1967, S. 75.

되는 경험적인 법칙성은 필연적이고 구속적인 성격의 것인데 이에 관한 것이 경험적인 지식이다. 그리고 인간의 윤리적인 결단이 그것에 의존하는 규범은 필연적인 것이 아니고 다만 존중할 수도 무시할 수도 있는 성격의 법칙이어서 전자와는 전연 다르다는 것이다. 그러므로 경험과학이 사실에 관한 구속적인 지식을 얻으려면 그 작업을 엄밀하게 경험적인 법칙성의 차원에 제한해야 된다는 것이다. 그런데 이 두 차원들은 서로 의존하지 않는 자율적인 성질의 것이라고 믿어지고 있다. 그렇지 않으면 엄밀한 의미에서의 가치중립성은 주장될 수 없기 때문이다. 그러나 인간의 지식과 행동을 그 근원적인 깊이에서 살펴보면 사실에 관한 지식의 차원과 윤리적인 결단의 차원은 전연 분리될 수 없이 연결되어 있는 것이라는 것을 알 수 있게 될 것이다. 인간의 단순한 지각, 그리고 추리적인 사유가 이미 일종의 가치지향적인 의도나 관심에 의해서 이끌려가고 있다는 것은 이미 논한 바 있다. 그리고 사실적인 경험의 세계에서 발견되는 법칙이라는 것도 근본적으로 필연적이고 절대적으로 객관적인 것은 아니다. 그것은 늘 가설적인 협약을 전제하고 있는 상대적인 것이다. 그리고 우리의 가치체계도 일정한 구체적인 세계관에 속하는 것이기는 하지만 또한 사실적인 경험을 토대로 한다. 따라서 인간의 윤리적인 결단은 경험적인 지식에서 분리된 것이 아니다. 그러므로 가치중립성이 전제하는 사실과 가치의 완전한 분리는 성립될 수 없는 명제이다.

18

언어와 인식

언어에 대한 새로운 관심 / 중간세계로서의 언어 / 언어의 묘사기능

우리가 우리의 일상생활에서 사용하는 "말"은 우리의 "생각"을 뒤따라서 표현하고 전달하는 소극적인 혹은 수동적인 역할만 하는 것이 아니고 우리의 생각 그 자체를 이미 함께 구성하는 적극적인 능동적인 역할을 한다. 그런데 우리가 사용하는 말은 한 언어공동체의 역사와 전통에 따라서 언제나 특수한 구조와 특수한 의미를 가졌을 뿐만 아니라 그 말을 사용하는 사회적인 계급과 개인의 개성에 따라서 특수한 성향을 가졌다. 그런데 이러한 개성적인 말이 우리의 앎의 현상 안에서 적극적이고 구성적인 역할을 하는 것이라면 우리의 앎은 더욱 추상적인 백지 위에서 보편적인 이성의 형식들을 따라서 그려지는 그림들이 아니고 우리의 삶의 역사와 그 현실 위에 세워진 주체적인 조각이라는 것이 분명하다. 그러므로 우리는 여기에서 언어와 인식의 관계를 자세히 살펴보기로 하겠다.

인간의 표상과 생각은 언어에 담겼을 때 비로소 구체적이고 분명

한 형태를 갖게 된다. 우리의 머리에 어떤 개념이 형성되는 것도 우리가 거기에 사용하는 언어와 밀접한 관계를 갖고 있다. 개념은 언어를 통해서만 하나의 객관적인 모습을 갖게 된다. 그러므로 말을 통해서만 우리의 생각은 자신에게 그리고 남들에게 지각될 수 있다. 물론 동물심리학은 동물들에게서 언어를 떠난 사유를 확인한다.[1] 개념도 언어도 없는 앎이 동물들에게는 있다는 것은 의심할 여지가 없다. 그러나 인간의 앎은 그러한 동물들의 앎의 차원에 머물러 있지 않는다. 개념도 언어도 없는 그러한 앎은 언제나 개별적인 물체들과만 연결되어 있고 또한 불확실하고 가변적인 기억에만 의존한다. 따라서 거기에서 어떤 분명한 지식이나 앎의 체계를 이룩해 낼 수는 없다. 그리고 그러한 앎은 같은 행동영역 밖에 있는 존재자들에게는 이해될 수가 없다. 그러나 언어를 통해서 비로소 우리의 앎은 다른 사람들에게 이해되고, 다른 사람들에 전달될 수 있는 객관적인 형태를 갖게 된다. 이런 전달 가능성은 인간의 세계에 있어서의 지식체계의 건설을 위한 중요한 전제조건이다. 만약 우리의 지식이 전달될 수 없는 성격의 것이라면 인류의 지식의 축적과 그 체계는 생각될 수 없을 것이며 오늘날의 문명도 있을 수 없다.

그러므로 언어의 본질적인 구조를 밝혀내는 언어분석은 현대철학뿐만 아니라 거의 모든 현대과학들을 위해서도 매우 중요한 작업이다. 따라서 언어문제는 거의 모든 서로 다른 경향들의 현대과학들에 있어 가장 큰 공통적인 관심사가 되었다. 헤르더(Herder)와 훔볼트(Humboldt)를 통해서 언어문제의 중요성이 제기되었고 마르

---

1) Köhler, *Intelligenzprüfungen an Menschenaffen*, 1921, 참조.

티(Marty)와 훗셀(Husserl)을 통해서 언어분석의 작업이 시작되어서 무어(Moore)와 러셀(Russel)을 통해서 추진되었다. 빗트겐슈타인(Wittgentein)은 바로 언어분석의 문제를 철학의 본래적인 과제라고 선언했다.[2] 빗트겐슈타인의 영향 아래 뷔엔나(Wiener) 학파를 중심으로 한 논리적 실증주의자들이 이 언어분석의 문제를 그들 나름으로 전개했으며 또한 신실증주의와 옥스퍼드(Oxford)학파가 이를 계승 발전시켜가고 있다. 그뿐만 아니라 구라파 대륙에서는 홈볼트의 사상을 직접 이어받은 딜타이(Dilthey)학파와 하이데거의 영향을 받은 철학자들이 그들의 핵심적인 이론전개에 있어서 언어문제를 가장 중요하게 다루고 있다. 이와 같이 현대철학들이 거의 전체적으로 언어문제에 비상한 관심을 기울이고 있는 것은 인간의 사유와 그 개념철학이 우리가 종래 생각했던 것보다 더욱 깊이 더욱 크게 언어에 의해서 제약된다는 사실 때문이다.

우리는 여기에서 우리의 주제인 앎의 현상의 해석학적인 관찰을 위해서 언어와 인식과의 관계를 간단하게 알아보려고 한다. 언어의 기능은 우선 실용적인 것으로 생각되어야 할 것이다. 그것은 여러 가지 목적들의 달성을 위한 수단으로서 인류의 삶의 역사 안에서 형성되었다. 그리고 우리는 어떤 의미를 가진 부호(符號)가 의도적으로 사용되었을 때 그것을 언어라고 한다. 이점에서 언어는 단순한 소리와 감정표시로부터 구별된다. 언어는 그것이 어떤 목적들에 이바지하느냐에 따라서 그의 기능이 달라진다. 일반적으로는 다음과 같은 세 가지 기능들로 구별된다.[3] 첫째로는 대상들과 사실들을 묘

---

2) Wittgenstein, *Tractatus logico-philosophicus*, 1922.

사하는 "상징기능"(Symbolfunktion)이 있고, 둘째로는 생각을 표현하는 "표현기능"(Symptomfunktion)이 있고, 셋째로는 행동을 유발하는 "신호기능"(Signalfunktion)이 있다. 그러나 언어기능을 이렇게 세 가지로 대별할 수 있다는 것뿐이지 언어의 역할은 이에 그치지 않고 더욱 복잡하다. 보기를 들면, 두 번째 기능에 있어서 언어는 스스로의 생각을 표현할 뿐만 아니라 다른 사람에게 어떤 생각을 깨닫게 해주고 형성시켜 주는대도 사용된다. 언어는 다른 사람들의 감정을 불러일으켜 주기도 한다. 이것은 시와 문학에서 뿐만 아니라 정치와 상업에서도 중요한 역할을 하는 것이다. 그런데 인식과의 관계에 있어서는 이 세 가지 기능을 갖는다. 물론 표현기능과 신호기능도 큰 의미를 갖는 것은 사실이지만 이 두 가지 기능들은 역시 상징기능에 근거한 것이라고 할 수 있다. 자기의 생각을 표현하는 것도 내적인 현실을 묘사하는 것이며 행동을 유발하는 것도 일정한 행동을 요구하는 상황을 묘사하는 것이라고 말할 수 있기 때문이다. 그러므로 우리는 여기에서 언어의 상징기능이 무엇이냐는 문제 곧 언어가 어떻게 외적인 내적인 현실을 묘사하느냐에 대해서 살펴봄으로써 언어와 인식의 불가분의 관계를 드러내보기로 한다.

언어가 인간의 내부적인 현실 곧 감정, 생각 등을 어떻게 묘사하고 또한 외부적인 현실, 곧 물체, 사실 등을 어떻게 묘사하는가를 살펴보기 위해서는 우리는 먼저 언어의 의미가 어떤 것인가를 알아보아야 하겠다. 모든 언어는 일정한 의미를 가졌다. 의미가 없으면 그것은 말이 아니다. 우리가 소리를 질러도 자연의 음향을 모방해

---

3) Bühler, *Sprachtheorie*, 1934 그리고 Russell : *Human Knowledge*, 1948 또한 Kainz, *Psychologie der Sprache*, 1941 등이 모두 비슷하게 구별한다.

도 그것은 말이라고 할 수는 없다. 말은 늘 무엇인가를 의미하고 있다. 다시 말하면 말은 늘 어떤 대상을 지향하고 있다. 그러므로 말은 일정한 내용을 지향하는 소리라고 할 수 있다. 여기에서 소리라는 것은 단순한 음향이 아니고 일정한 모습의 음이다. 이것을 "음상"(Lautbild)이라고 한다. 이 음상이 어떻게 아름답게 다듬어지느냐가 바로 언어의 예술이다. 그러므로 말은 인간들 사이의 접촉교류에서 나타나는 그리고 사회 안에서 이루어지는 실용적이면서도 예술적인 작품이라고 할 수 있다. "작품"이라고 해도 그것은 우리가 다른 도구를 만들듯이 마음대로 제작할 수 있는 것이 아니기 때문에 사회 안에서 이루어지는 작품이라고 했다. 이러한 작품으로서의 음상은 이미 논한 바와 같이 일정한 의미가 있어야 한다. 곧 언어에 있어서 중요한 것은 소리와 뜻, 음상과 의미의 결합이다. 그런데 이 음상과 의미는 서로 분리될 수 있는 것도 아니고 그렇다고 해서 완전히 동일한 것도 아니다. 분리될 수 없는 얽힘이라는 표현이 이 관계를 더 가깝게 드러낸다고 생각된다. 문법학이나 언어학이 편의상 의미보다도 음상을 극복할 수도 있고 혹은 반대로 음상보다도 의미를 더 중요시할 수도 있다. 그러나 이 둘은 분리될 수 없는 얽힘이라는 것이 말의 본질적인 특징이다.

언어심리학자 카인쯔(Kainz)는 말에 있어서는 음상과 의미의 결합이 본질적인 것이라고 하면서 이 결합을 다음과 같이 설명한다. 처음에는 음상과 의미의 "연합"(Assoziation)이 출발점을 이룰 것이나 그 말이 친숙성을 더해감에 따라서 "융합"(Verschmelzung)을 이룩한다고 그는 표현한다. 말의 이러한 본질적인 성격은 인간의 "상징의식"(Symbolbewuβtsein)에 근거한 것이라고 했다. 그런데 이러한 "융합"에 대해서 바이스겔바(Weisgerber)는 다음과 같이 말한다. "음향과 그것이 의미하는 사실은 단순히 연결되는 것이 아니고 이들은 정신적인 작업에 의한 하나의 전연 본질적인 계단(Stufe)에 놓여 있다"[4] 여기에서 바이스겔바가 말하는 "본질적인 계단"이라는 것이 이제 우리의 주제를 위해서 매우 중요하다. 홈볼트는 이것을 "중간세계"(Zwischenwelt)라고 했다. 여기서는 홈볼트의 표현 "중간세계"라는 것이 이른바 언어의 본질적인 계단을 이해하는 데 더욱 도움이 될 것 같다.

이 "중간세계"라는 개념을 우리가 바로 파악하기만 하면 언어의 여러 가지 어려운 문제들을 풀 수 있는 실마리를 찾을 것이며 특히 언어와 인식의 관계를 살피는데 있어서 열쇠가 될 것이다. 우선 "중간"이라는 것은 말을 하는 주체로서의 인간과 그 말이 의미하는 대상의 중간을 말한다. 그러므로 언어의 음상과 그 의미가 융합된 언어의 "본질적인 계단"으로서의 중간세계는 인간의 주관적인 의식에 속한 것도 아니고 객관적인 사물에 붙은 것도 아니고 그 자체가 주관과 객관을 매개하는 하나의 스스로의 계단을 이룩하고 있다는 것이다. 언어는 우리의 주관적인 관념과는 다른 객관화된 형태로서 사회적인 물체에 붙어 있는 기호도 아니므로 고정적으로 일정한 대상에만 붙어 있는 꼬리표도 아니다. 그러므로 언어의 의미는 고정적으로 결정되어 있는 것은 아니다.

이 중간세계는 비교적 자립적인 성격을 가졌다. 여기에서 자립적이라는 것은 그것이 주관으로서의 인간의 정신과 객관으로서의 사

---

4) J. L. Weisgerber, *Das Gesetz der Sprache*, Heidelberg 1951, S. 22.

물의 세계에서 분리되었다는 것을 의미하지는 않는다. 주관과 객관을 매개하는 이 중간세계는 스스로의 개성적인 성격과 특이한 구조를 가졌다. 인간의 주관적인 정신은 이 매개체로서의 중간세계를 통해서 객관적인 사물을 파악하고 이해하고 스스로의 세계 안에 받아들인다. 따라서 객관적인 사물은 이 개성적인 성격과 일정한 구조를 가진 중간세계를 통해서 비로소 구체적인 형식을 가지고 분명하게 드러나게 된다. 적어도 인간들의 의식의 영역 안에 이 중간세계를 통해서 받아들여지게 된다는 것이다. 보기를 들면 "그릇"이라는 말은 일정한 고정적인 형태의 기물에 붙은 꼬리표는 아니다. 여러 가지 형태의 기물들이 그 용도에 따라서 그릇이라는 말에 포괄된다. 그러므로 "그릇"이라는 말 자체가 이미 일종의 개념이라는 것을 알 수 있다. 그렇지만 그릇이라는 말은 이미 우리의 언어공동체 안에서 객관화된 의미를 가졌다. 그러므로 그것은 내 마음대로 아무렇게나 고쳐서 사용할 수는 없다. 인간의 내부적인 현실로서의 특수한 감정을 나타내는 말로서 "그리움"이라는 말이 있다. 이 "그리움"도 꼭 어떠한 고정적인 형태의 감정을 그대로 묘사한 꼬리표는 아니다. 여러 가지 경우의 여러 가지 성격의 감정을 이 말로써 포괄한다. 모호하고 유동적인 정서도 이미 객관화되어 있는 이 그리움이라는 말에 담기게 되면 그렇게 분명하게 드러나게 된다. 그러므로 엄밀하게 말하면 그리움이라는 말을 알기 전에는 그리움의 정을 분명하게 의식하지는 못한다.

우리말의 두 가지 단어만을 보기로 들었다. 중간세계의 개념을 이해하기 위해서는 외국말과 비교하면서 보기를 드는 것이 더 좋을 것

같다. 독일말에 Geist라는 말이 있다. 이 말은 어떤 특정한 고정적인 형태의 대상을 가리키는 말이 아니다. 만약 그것이 일정한 고정적인 형태의 대상을 가리킨다면 바로 그 대상을 가리키는 영어나 일본말이나 우리말과 꼭 같은 의미를 가질 수 있을 것이다. 그러나 Geist라는 독일말은 그 자체가 개성적인 개념이기 때문에 비슷한 영어나 일본말과는 매우 다른 성격을 가졌다. 영어의 "sprit"나 우리말 "얼"이나 일본말 "タマッヒ"와는 매우 다르다. 이렇게 하나 하나의 단어뿐만 아니라 하나의 언어공동체의 언어, 곧 우리말, 독일말, 영어 등은 또한 전체적으로 특이한 체계와 구조를 가진 중간세계를 이룩하고 있다. 이 체계와 구조를 살피는 것이 언어학과 문법학의 과제이다. 이와 같이 개성적인 성격과 특이한 구조를 가진 중간세계를 통해서 우리의 주관과 객관으로서의 대상이 연결되어 명백한 앎이 성립된다.

그러면 이제 우리의 본래의 문제로 돌아가서 이와 같이 "중간세계"로서의 언어를 통해서 우리의 내적인 현실을 "묘사"하고 우리의 외적인 현실을 "묘사"한다는 것은 무엇을 의미하는 것인지 알아보자. 여기에서 "묘사"라는 것은 언어의 상징기능을 말하는 것이다. 그러므로 이 "묘사"는 주어져 있는 현실을 "사진찍는다"는 의미의 묘사(Abbilden)가 아니고 중간세계로서의 스스로의 형태에 맞추어서 내적인 현실과 외적인 현실을 주도한다는 의미에서의 묘사(Darstellen)이다.

먼저 내적인 현실 곧 우리의 생각과 감정을 언어가 묘사한다는 것은 무엇을 의미하는가. 통속적인 언어관에 의하면 우리의 생각이나 감정이 먼저 일정한 형태로 이루어지고 그리고 추후적으로 적당한 언어가 이러한 기성사유와 기성감정을 사진찍듯이 묘사해서 표현하고 전달한다고 생각한다. 그런데 여기에서 묘사되어야 할 우리의 생각이 엄밀한 사유를 의미할 경우에는 언어도 그 엄밀한 사유를 표현할 만큼 일의적이고 정밀해야 하는데 흔히 그렇지 못하기 때문에 언어의 불완전성을 메꾸기 위해서 여러 가지 언어비판작업이 필요하게 되었었다. 그러나 사실은 언어는 우리의 생각을 뒤따라서 그것을 묘사하는 것이 아니고 우리의 생각이 이룩되는데 이미 함께 작용한다는 것이 오늘날에 있어서 모든 언어학자들과 철학자들의 공통적인 주장이다. 그래서 함만(Hamman)은 언어를 이성의 기관 (Organ)이라고 했다. 이성이라는 것은 언어라는 기관을 통해서만 그의 작업을 할 수 있다는 것이다. 볼노브(Bollnow)는 언어를 사유의 통로하고 한다. 인간의 사유는 언어라고 하는 통로를 통해서만 전개된다는 것이다. 물론 언어가 사유의 충분한 조건은 아니다. 사유에는 다른 계기들이 함께 작용한다. 언어는 사유를 위한 필요한 조건이라는 것이다. 우리의 머리에 어떤 모호하고 희미한 느낌이 깃들어도 그것이 구체적인 언어의 형성에 담겨서 주도되지 아니하면 우리의 의식에 아무 흔적도 남기지 않고 사라져버린다. 그러므로 중간 세계로서의 언어들은 객관화된 주형들인데 인간의 사유는 그 주형들에 담겨서 비로소 일정한 형태로 주조된다고 할 수 있다. 달리 말하면 우리의 생각은 말의 틀에 담겨서 비로소 일정한 모양으로 이루어진다고 할 수 있다. 다만 이렇게 설명할 경우 그 주형들을 칸트(Kant)의 선험적인 이성의 형식들 모양으로 불변의 고정적인 것이라고 생각해서는 안되겠다. 언어는 시대와 사회에 따라서 그리고 인간이 그것을 사용하는데 따라서 변질해 갈 수 있다. 더 풍부해지고 더 섬세해질 수도 있다. 야스퍼스(Jaspers)도 "우리는 언어와 더불어 비로소 사유할 수 있다"[5] 라고 해서 언어와 사유의 이와 같은 관계를 설명했다. 그러므로 인간의 사유는 그가 그것을 통해서 생각하는 언어의 개성과 특이한 구조를 초월할 수가 없다. 인간의 인식이 언어의 제약을 면할 수 없는 이유가 여기에 있다.

"깊이 살펴보면 생각한다는 것은 이야기한다는 것을 뜻한다. 두 사람이 서로 보충하고 도우면서 생각을 전개시킬 때는 나와 너와의 이야기이고 혼자서 물음을 제시하고 이에 대해서 대답을 시도하고 다시 이 대답을 문제삼으면서 생각을 전개할 때는 나와 나와의 이야기이다. 슐라이엘마허(Scheiermacher)의 표현을 빌리면 사유는 내적인 대화이다. 그런데 이야기는 말과 분리되어서 이루어지지 않는다. 그러므로 생각하는 것도 말과 분리되어서 전개되는 것이 아니다. 사람의 생각은 마음의 이야기다. 그러므로 우리가 생각을 풀이해간다는 것은 우리가 알고 있는 말과 말을 우리말본을 따라서 이어간다는 것을 뜻한다. 사유는 마치 언어가 마련하는 수로를 따라서 흘러가는 물과 같다."[6] 그러나 물론 우리는 필요할 때 과학적인 작업을 위해서 기호들을 연결시킴으로써 논리를 전개할 수도 있고 혹은 도형을 통해서 간단한 사유를 전개할 수도 있다. 그렇지만 이런 경우들에 있어서도 역시 그 기호를 설정할 때와 논리 전개의 사이에 언어를 끌어들이지 않을 수 없으며 특히 거기에 나타난 어떤 결론의 설명이나 이해는 언어의 도움이 없으면 불가능하다.

---

5) K. Jaspers, *Die Sprache*, München 1964, S. 37.
6) 이규호, 말의 힘, 서울 1968, S. 83~84.

우리의 정서도 마찬가지다. 흔히 정서는 구체적인 사유와는 달리 아직 느낌의 영역에 속하기 때문에 언어가 개입하기 이전의 상태라고 생각하기 쉽다. 그러나 우리의 어떠한 정서도 그것이 일정한 언어의 주형에 담기기 전에는 모호한 안개와 같다. 아무리 아름다운 시상(詩想)이 우리의 머리에 깃들어도 그것이 적절한 시어(詩語)에 담기지 않으면 아직 구체적인 시상이라고 할 수 없다. 적절한 시어의 발견과 더불어 시상이 구체화된다. 우리의 윤리적인 개념들도 마찬가지다. 언어를 떠나서 그러한 윤리적인 개념들이 있는 것이 아니다. 보기를 들면 우리는 부모에게 효도(孝道)를 한다. 효도는 꼭 이런 저런 구체적인 행동을 묘사하는 것이 아니고 일종의 정신적인 태도와 특수한 삶의 형태를 의미하는 개념이다. 그러므로 효도라는 말이 그대로는 없는 서양사람들은 부모에게 친절하게 하고 부모를 도와주고 할 수 있으나 효도는 하지 못한다. 효도라는 말이 없으니 그런 개념도 없고 그런 정신도 없다는 것이다.

만약 이와 같이 언어가 우리의 내부적인 현실 곧 사유와 정서를 유도하고 주조하는 것이라면 외부적인 현실의 지각과 이해에 대해서는 어떤 기능을 발휘하는지 알아보자. 이미 말한 바와 같이 객관적인 사물의 세계는 언어라고 하는 중간 세계의 매개를 통해서 우리의 이해의 영역 안에 들어오고 우리의 정신적인 재산 곧 지식이 된다. 훔볼트(Humboldt)의 표현을 빌리면 언어에 의해서 다듬어지고 재 창조된 현실이 우리의 이해의 세계를 구성한다는 것이다. 다시 말하면 언어에 의해서 파악되지 아니한 객관적인 사물은 그것이 존재한다고 할지라도 나의 이해의 세계 안에 들어와서 제자리를 차지하고 나의 정신적인 재산이 될 수는 없다는 것이다. 그러므로 우리는 언어를 통해서만 완전한 의미에서 객관적인 현실을 이해한다고 할 수 있다. 달리 말하면 우리는 언어가 우리에게 가르쳐 주는 대로의 현실을 이해한다. 중간세계로서의 언어를 통하지 않고 우리가 객관적인 현실자체와 연결될 수는 없다. 적어도 이 연결이라는 것이 이해 곧 나의 정신적인 재산으로 소화하는 것을 의미한다면 말이다.

그런데 이제 중요한 것은 중간세계로서의 언어라는 것이 한 언어 공동체의 역사와 더불어 자라난 특수한 개성과 특수한 구조를 가졌다는 것이다. 따라서 그 언어를 통해서 밝혀지고 드러나는 현실도 늘 특수한 빛 아래서 특수하게 이해되는 것이다.마치 특이한 색깔의 안경을 쓰고 외부세계를 볼 때 그 외부세계가 그 색깔에 물들어 보이는 것처럼 일정한 언어를 통해서 객관적인 현실을 나의 이해의 세계 안으로 받아들일 때는 언제나 그 언어의 특수한 색깔에 물든 현실을 받아들인다는 것이다. 그러나 안경을 쓴 사람 자신은 그것이 버릇이 되어서 자기 자신의 안경의 색깔의 영향을 인식하지 못하는 것처럼 우리는 우리의 모국어에 익숙해져서 그 특수한 색깔의 영향을 인식하지 못하고 이미 특이한 색깔에 물든 현실을 현실 자체인 줄 알고 받아들인다. 그러나 사람이 자기의 안경을 다른 색깔의 안경과 바꾸어 보면 그 색깔을 인식하듯이 우리가 우리말과 전연 다른 개성과 구조를 가진 외국말로써 생활해 보면 언어의 일정한 개성과 특이한 구조가 늘 현실을 특수하게 우리에게 이해시킨다는 것을 이해할 수 있게 된다. 그러므로 언어를 통한 외부현실의 파악은 엄밀한 의미에서의 있는 그대로의 "묘사"는 아니고 늘 특수한

"해석"이다. 이런 의미에서 언어는 현실을 묘사하는 것이 아니고 현실을 재창조 한다고 말한다.

　이제 이와 같이 언어가 우리의 사유와 외부현실의 파악에 늘 수동 적으로가 아니고 적극적으로 구성적으로 작용하는 것이라면 그리고 그 언어가 보편적인 선험적인 형식의 것이 아니고 한 민족이나 기타 언어공동체의 역사 속에서 자라난 개성 있는 특수한 구조의 언어라면 우리의 인식이 결코 무전제의 백지 위에서 보편적인 논리에 의해서 전개되는 것이라고 믿는 것은 전연 근거가 없는 미신이라는 것이 드러난다. 그래서 물리학자이며 언어학자인 우오르후(Whorf)는 아인슈타인(Einstein)의 물리학적 상대성 원리에 대해서 "언어학적 상대성 원리"를 말한다. 그는 엄밀한 물리학의 이론도 특이한 언어의 특수한 구조에 제약된다는 것이다. 그래서 지금까지의 과학의 발전은 인구어(印歐語)의 특이한 구조에 크게 의존한 것이라고 한다. 그는 따라서 현대문리학이 당면한 이론적인 난관은 아마 인구어가 아닌 다른 언어에 의해서 풀어지고 더 발전될 수 있지 않겠느냐는 희망을 피력하기도 한다.[7)]

　우리의 과학적인 인식에까지 이렇게 크게 작용하는 언어는 우리의 삶의 역사와 더불어 삶의 역사 안에서 형성되고 자라난 것이다. 그러므로 우리는 여기에서 다시 한 번 우리의 앎이 추상적인 보편적인 영토 위에 객관적으로 이룩되는 것이 아니고 삶의 영역 안에서 삶과 더불어 삶의 운명과 짝하면서 이룩되고 자라나는 것이라는 것을 확인한다.

---

7) Whorf, *Language, Thought and Reality*, Cambridge 1961. 참조.

19

사실과 경험

사실과 경험의 의미 / 경험과 변화 / 경험의 모험성과 개방성

인간의 지식은 늘 사실에 근거하고 다시 사실과 연결되지 않으면 구름잡는 환상이 되기 쉽다. 그리고 또한 인간은 경험을 통해서 그의 지식을 확대하고 경험을 통해서 그의 지식을 확인하고 경험을 통해서 그의 지식을 비판한다. 그러므로 사실과 경험은 인간의 앎의 과정에서 가장 중요한 역할을 하는 요소들이다. 다만 실증적으로 계산할 수 있는 사실 혹은 감성적인 지각에 의한 경험만을 인간의 주체적인 삶의 영역에서 끊어내서 추상화하고 객관화해서 절대시하는 좁은 의미의 실증주의나 경험주의를 경계하고 극복하려는 것뿐이다. 그러므로 우리는 여기에서 원초적인 의미에서의 "사실"과 "경험"이 무엇을 의미하는 것인지 그것들이 우리의 자연스러운 일상적인 삶 안에서 어떤 위치를 갖는 것이지를 알아보아야 하겠다.

사실과 경험은 우리의 전이해의 세계 안에 늘 새로운 앎을 가져오는 계기가 되기 때문에 중요한 의미를 가졌다. 사실과 경험은 늘 지

금까지의 전이해의 지평에 나타나는 무엇인가 새로운 것을 말한다. 모든 주관적인 소망과 표상에 의존하지 않는 하나의 현실이 이미 이해된 자명한 세계 곧 전이해의 지평 안으로 들어오는 가장 직접적이고 강력한 계기가 되는 것이 "사실"이다. 이런 의미에서 인간은 "사실에 부딪친다". 모든 의견들과 모든 생각들과 모든 표상들에 대해서 그리고 모든 의심스러운 설왕설래의 이론들에 대해서 여기에 의심할 수 없는 하나의 결정적인 것이 주어진다. 그것이 "사실"이다. 사실이 밝혀지면 의심은 사라지고 논쟁은 끝이 난다. 그러므로 우리는 여러 가지 의견들의 갈등에 있어서 늘 순수한 사실에로 돌아가기를 원한다. 모든 의견들과 해석들은 그 사실의 거울들에 불과하다. 모든 과학들이 언제나 사실에 근거하려고 하고 사실분석의 방법을 내세우는 것도 이런 의미에서 이해할 만하다. 그러나 이미 말한 바와 같이 실증주의와 경험주의가 말하는 사실은 인간의 삶의 현상 안에서 그가 부딪치는 구체적인 사실이라기보다는 과학주의적인 선입관 아래 일정한 방법론적인 조작에 의해서 파악되는 추상적인 혹은 인위적인 사실이다. 따라서 실증주의와 경험주의가 추구하는 그러한 사실도 완전히 객관적인 사실이 아니라는 것은 이미 여러번 말한 바 있다. 인간은 완전히 객관적인 사실을 모르며 늘 주관에 매개된 사실만을 안다. 경험과학들은 흔히 그들이 지향하는 사실이 완전히 객관적인 것이라고 믿고 그들의 외향(外向)적인 사실분석을 철학의 내향(內向)적인 성찰과 대립시킨다.

실증주의와 경험주의에 근거한 경험과학들은 "사실"이 무엇이냐는 것을 비판해 보지는 아니하고 사실은 자명하게 우리 앞에 주어져 있는 것이라고 생각한다. 그리고 사실은 바로 진실이며 사실들의 전체가 현실이라고 생각한다. 그러나 사실이라는 것은 그렇게 간단하게 자명하게 주어져 있는 것은 아니다. 사실은 길가에 놓여 있는 돌멩이처럼 내가 보든 안 보든 그대로 있는 것을 말하는 것은 아니다. 우리가 일정한 방향으로 가다가 부딪치는 것 그것이 "사실"이다. 우리는 이러한 사실을 어떤 과학주의나 철학적 인식론의 선입관을 배제하고 이해하기 위해서 이 "사실"이라는 말이 우리의 자연스러운 일상어 속에서 어떤 의미를 가지고 나타나는가를 살펴보자.

우리는 흔히 "사실은 이렇다"고 말할 때 지금까지의 생각과 희망과 환상과는 달리 우리에게 나타나는 새로운 것을 말한다. 제 마음대로 편리하게 생각하는 사람들에게 대해서 그의 편리한 꿈을 깨뜨리기 위해서 사실이 제시된다. 우리는 흔히 "이론과 사실이 다르다"고 말한다. 이론은 내 마음대로 전개할 수 있지만 사실은 내 마음대로 좌우할 수는 없다. 따라서 사실은 편리하고 안일한 세계에 파문을 던진다. 그리고 사실에 근거한 주장은 늘 강력하다. 사실은 늘 인정받고 스스로를 관철하려고 한다. 사실의 인정은 하나의 윤리적인 요청이다. 우리는 사실을 지각하는데 그치지 않고 그것을 우리의 삶에 받아들이고 그것을 통해서 삶이 변화되어야 한다는 것은 윤리적인 요청이다. 사실은 비현실적인 환상과 반대된다. 꿈꾸는 사람, 환상에 사로잡힌 사람, 폐쇄적인 고집에 굳은 사람은 사실을 받아들이지 못하고 따라서 몰락하고 파멸된다. 사실은 언제나 강압적이고 도전적이다. 그것은 언제나 지금까지의 안일한 삶의 질서를 무너뜨린다. 그리고 사실은 언제나 우리에게 대결을 요청한다.

우리가 일상어에서 사용하는 "사실"이라는 표현 속에는 마음대로 이리저리 할 수 없다는 뜻이 포함되어 있다. 다시 말하면 사실이란 어떤 고정적인 불변의 것을 말한다. 그러므로 사실이라는 것은 늘 생성소멸하는 움직이는 자연 그대로를 의미하는 것이 아니고 인간에 의해서 그 움직임으로부터 드러내어진 어떤 결정적이고 완결된 그 무엇을 의미한다. 그리고 그것은 인간을 안일한 타성으로부터 깨워서 그것과 대결하게 한다. 이러한 대결을 위해서 인간에게는 그 사실을 "설명"할 과제가 주어진다. 보기를 들어서 이러한 상황을 알아보자. 학교에 다니는 아동이 성적이 매우 좋지 못한 통지표를 집으로 가지고 왔다. 이것은 그 아동이나 부모를 위해서는 하나의 슬픈 사실이다. 어찌할 수 없는 사실이다. 만약 그 아동이 기대에 어긋나지 않게 좋은 통지표를 받아왔다면 그때는 사실이라는 말이 거기에 해당되지 않는다. 기대에 어긋나고 인간을 안일한 타성에서 깨게 할 때 비로소 사실이라는 말이 적중한다. 그래서 그 아동과 부모는 그 사실과 대결하게 된다. 그리고 그들은 그 원인을 규명하고 사실을 "설명"하지 아니할 수 없게 된다. 그 원인을 규명하고 그 사실을 설명할 수 있게 되면 그 이질적인 사실이 다시 우리의 이해의 지평 안으로 들어오게 된다. 이렇게 되면 그 사실에 대한 우리의 태도는 달라진다. 달리 말하면 그 사실은 인간에 의해서 지배되게 된다. 비밀이 풀리고 사실이 우리의 이해의 지평 안으로 들어오는데 있어서 종래의 전이해가 근본적으로 흔들리고 따라서 혁명을 가져오는지 혹은 그 이해된 사실이 문제없이 전이해에 편합되는지는 다시 별개의 문제이다.

그러나 오늘 경험과학이 사실조사 혹은 사실분석이라고 말하는 사실의 개념은 그의 직접적인 실존적인 의미를 상실한 것이다. 구체적인 삶의 상황에서 분리되어서 아무에게서나 마음대로 발견되어서 전달될 수 있는 정보를 경험과학적인 사실연구는 사실이라고 말한다. 그것은 중성화된 본래의 힘을 상실한 사실개념이다. 이와 같이 본래의 힘을 상실하고 중성화된 개념을 사실개념은 모든 존재하고 있는 것을 그대로 총칭해서 가리킨다. 만약 존재하고 있는 것을 총칭해서 사실이라고 한다면 사실 아닌 것은 없다. 따라서 특히 "사실"이라는 것을 강조하는 것은 의미가 없어진다. 경험과학이 사실연구니 사실조사니 사실분석이니 하면서 "사실"을 강조하는 것은 철학적인 성찰에 대항해서 그들의 방법론적인 조작에 의해서 드러난 데이터와 정보를 객관화하고 그것을 절대화하려는 전략적인 의미를 가졌다고 보아야 한다.

사실과의 대결을 통해서 어떤 새로운 것이 인간의 삶의 폐쇄적인 세계, 곧 전이해와 타성적인 버릇과 자명한 선입관의 세계관으로 안일을 깨뜨리면서 들어온다. 사실은 아직 이해되지 아니한 것으로서 인간을 불안하게 한다. 사실은 인간으로 말미암아 받아들여지고 설명되어야 한다. 이렇게 해서 사실은 인간에 의해서 지배되고 그의 이해의 지평 안으로 들어간다. 사실들과의 이와 같이 반복된 대결을 통해서 인간은 이른바 "경험"을 쌓는다. 경험이 늘어나면 우리의 이해의 지평이 넓고 풍부해지고 그 넓어지고 풍부해진 이해의 지평은 다시 새로운 경험을 얻을 수 있도록 인간을 인도한다. 경험과 이해는 서로 보충하는 상대적인 개념들이다. 새로운 경험을 유도하는 전이해는 불변으로 주어져 있는 형태의 것으로 생각될 수 없다. 늘 발전하는 생동적인 것으로 생각될 수 있다. 그러므로 우리는 여기에서 경험이 어떻게 해서 이루어지는지를 자세히 살펴보는 것이 좋겠다.

경험이라는 개념은 여러 가지 의미에서 모호하게 사용되는 일이 많다. 그러면서도 현대과학의 하나의 기본개념으로서의 경험은 늘 과학적인 사고방식과 결부되어서 이해되었다. 현대과학은 경험에 근거한다는 것을 큰 자랑으로 삼고 있다. 그것을 근거로 순수한 사유에만 의존하는 형이상학과 대립하는 것이라고 생각했다. 로크 (Locke)는 말하기를 "우리의 모든 지식은 경험에 근거하고 있고 그것은 최종적으론 언제나 경험에서 나온 것이다"[1] 라고 한다. 여기에서 로크의 말은 너무나도 당연한 것처럼 느껴진다. 그러나 그는 "경험"이라는 개념을 매우 좁게 이해했다. 그는 경험을 일방적으로 감성적인 지각에만 근거시켰다. 그런데 경험을 이와 같이 감성적인 지각에만 의존시키는 것은 경험을 빠져나올 수 없는 막다른 길로 몰아넣는 것이다. 이미 우리가 살펴본 바와 같이 감성적인 지각이라는 것은 그렇게 확실한 다른 영향을 받지 않고 자존하는 원자와 같은 것이 아니다. 그러므로 우리는 경험이라는 개념을 경험주의적인 선입관에서 벗어나서 넓은 원초적인 의미에서 다시 살펴보고 거기에 더 포괄적이고 인위적으로 제한되지 아니한 앎을 근거시켜야 하겠다. 우리는 쿤(Kuhn)의 말과 같이 경험의 이름으로 경험주의

---

1) J. Locke, *An Essay Concerning Human Understanding*, H. Kuhn, Was heißt Erfahrung?에서 인용.

의 좁은 틀을 벗어나야 하겠다.[2] 경험이라는 개념은 첫째로 경험주의가 생각하는 것처럼 간단한 것이 아니다. 그래서 가다머(Gadamer)는 "경험이라는 개념이 매우 자명한 개념인 것처럼 흔하게 사용되고 있기는 하지만 가장 해명되지 아니한 개념들 중의 하나이다"[3] 라고 했다.

"경험한다"는 것은 단순히 "알게 된다"는 것과는 다르다. 남들을 통해서 혹은 들어서 알게 될 수도 있지만 경험한다는 것은 늘 스스로 자기의 몸으로 겪는 것을 의미한다. 그러므로 남들의 경험을 스스로 겪을 수도 없거니와 남들의 경험에서 배우는 것도 거의 없다. 그리고 또한 나의 경험을 남들에게 알릴 수는 있지만 남들에게 그대로 옮길 수는 없다. 경험은 언제나 나 스스로의 경험이다. 남들을 통해서 알게 된 것, 그리고 들어서 배운 것은 의심해 볼 수도 있지만 스스로 경험한 것은 의심할 여지가 없다. 나의 경험은 나의 앎의 세계 안에서 하나의 확실한 지표가 된다. 경험하기 전에는 우리의 앎은 아직도 모호하다. 따라서 경험해 보아야 안다는 것이다.

그리고 경험은 대체로 고통스러움을 동반한다. 즐거웠던 경험도 있을 수 있지만 즐거움은 대체로 추억에서 오는 것이고 경험 그 자체는 언제나 미지의 영역에의 모험적인 침입이며 따라서 늘 개척적인 성격을 가졌다. 내가 이미 잘 이해하고 있는 것을 되풀이하는 것은 경험이 아니다. 내가 아직 이해하지 못한 영역 혹은 적어도 덜 익숙한 영역에 뛰어들어가서 나 자신을 시험하는 것이 경험이다.

---

2) H. Kuhn, *Was heißt Erfahrung?* 참조.
3) H. G. Gadamer, *Wahrheit und Methode*, Tübingen 1960, S. 329.

이런 의미에서 가다머는 다음과 같이 말한다. "경험은 대체로 고통스럽고 쓰라린 경험이다. 이것은 결코 하나의 특수한 침울한 해석을 뜻하는 것이 아니고 경험에 대한 본질적인 성찰에서 오는 것이다. 다만 이러한 부정적인 고통을 통해서만 인간은 새로운 경험을 얻는다. 경험이라는 이름에 해당하는 경험은 모두 안일한 기대를 짓밟는 것이다."[4] 우리의 안일한 기대대로 되어나간 삶을 우리는 경험한다고 하지 않는다. 우리의 기대에 어긋나는 삶을 통해서 우리는 무엇인가 새로운 것을 비로소 경험한다.

그리고 경험은 객관적으로 존재하는 모든 것을 그대로 알게 된다는 뜻과는 전연 다르다. 한국에는 38선이 있고 서울은 38선 남쪽에 위치하고 있다는 것을 우리는 경험한다고 말하지 않는다. 38선을 구경하고 판문점에서 열리는 남북적십자사 회담에서 지금까지의 상식적인 관념과 통속적인 기대에 어긋나는 어떤 쓰라린 사실을 확인했을 때 우리는 비로소 경험을 한다. 경험은 언제나 우리의 지금까지의 이해지평의 구조를 변화시키고 우리의 삶과 우리 자신을 변화시킨다. 이러한 변화를 가져오지 않는 단순한 지식은 경험이라고 하지 않는다. 모든 경험은 본질적으로 어려움을 겪는 것이고 그것을 통해서 인간을 변화시킨다.

경험을 통한 변화에는 두 가지 서로 다른 형식들이 있다. 경험을 통해서 경화되고 너무 조심스러워서 폐쇄적이 되고 따라서 더 둔해지는 일이 있다. 우리말 속담에 "자라보고 놀란 사람 솥뚜껑 보고 겁낸다"는 말이 있다. 그래서 더 폐쇄적이 될 수 있다. 이러한 경험

---

4) Gadamer, *Wahrheit und Methode*, Tübingen 1960, S. 338.

을 통한 경화는 모든 새로운 경험들에 대해서 문을 닫아버린다. 그러나 이와 반대로 경험으로 인해서 개방적이 되는 사람도 있다. 이런 사람은 늘 새로운 경험을 위해서 문을 열어 둠으로써 더욱 성숙해진다. 여기서는 경험은 종결을 모르고 끝없는 성숙을 향해서 늘 개방적이다. 그런데 경험 속에는 언제나 거기에 머물러 있고 거기에 밀착해 있고 싶은 경화의 위험성이 함께 주어져 있다. 인간은 흔히 보잘것없는 경험이라도 그것을 앞세우고 그것에 의존해서 안일을 탐하고자 한다. 그리고 모든 새롭고 미지의 사실이 엄습해오는 것을 막아보려고 한다. 인간은 이러한 타성에의 유혹을 물리치고 늘 새로운 결단을 통해서 스스로의 경화를 극복해야 한다. 그러므로 늘 새로운 경험을 통해서 앎을 넓히고 중요하게 하기 위해서는 안일한 자기 만족을 통한 경화에의 유혹을 물리쳐야 한다. "새로운 것을 위한 개방성은 인간에게 자연적으로 주어져 있는 것이 아니고 애써서 이루어야 할 윤리적 과제이다."[5]

본래적인 경험은 물론 합리적인 계획에 의해서 얻을 수 있는 것이 아니고 숙명적으로 닥쳐오는 것이다. 경험들을 쌓는다고 해도 그것은 계획적인 축적을 의미하는 것은 아니고 오히려 밖으로부터 나에게 닥쳐오는 사건들을 통해서 이루어지는 것이다. 그러나 그럼에도 불구하고 경험을 얻기 위해서는 특수한 결단을 필요로 한다. 경험 그 자체를 우리가 계획적으로 가져올 수는 없다고 해도 그러한 경험을 얻을 수 있는 상황에 나 자신을 모험적으로 내던질 수는 있다. 새로운 경험을 한다는 것은 언제나 타성적인 안일을 파괴하는 것이

---

5) O. F. Bollow, *Philosophie der Erkenntnis*, Stuttgart 1970, S. 137.

다. 그것은 익숙하지 아니한 혹은 이해되지 아니한 새로운 사실과 대결하는 것이다. 눈을 감고도 움직일 수 있는 안정된, 그리고 익숙한 자기의 집이나 고향에서는 새로운 경험을 얻지 못한다. 경험은 언제나 낯선 땅에서 나그네가 겪는 고통을 전제한다. 경험을 얻기 위해서는 모험을 해야 하고 경험을 얻기 위해서는 기대에 어긋나는 딱딱한 현실을 도피하지 말고 대결해야 한다. 따라서 만약 우리가 늘 새로운 경험을 통해서 우리의 전이해의 안일한 지평을 확대하고 타성적인 버릇을 극복하려면 열린 마음과 용기를 필요로 한다. 비겁한 사람은 그의 좁은 전이해의 테두리 속에 들어앉아서 미지의 세계에 자기 자신을 내던지려고 하지 않는다. 그는 새로운 경험을 할 수도 없고 새로운 것을 배울 수도 없다. 그의 삶은 정지된 것이나 마찬가지다. 그러나 우리는 여기에서 모험주의를 요청하는 것은 아니다. 기일(Giel)이 지적한 바와 같이 모험을 위해서 모험을 즐기는 사람도 참다운 경험을 얻을 수가 없다.[6] 왜냐하면 그에게 있어서는 모든 모험적인 사건들은 외부적인 피부만을 스쳐가기 때문이다. 그것을 통해서 변화되는 것이 아무것도 없고 그것에서 배우는 것도 없다. 경험이라는 것은 인간이 그에게 닥쳐오는 새로운 현실과 대결하고 이를 극복하고 그 결과 극복을 통해서 스스로 변화하고 매우 성숙한 인간으로 발전하는 것을 말한다.

그런데 우리가 이와 같이 살펴본 경험의 개념은 이른바 경험과학의 경험과는 큰 차이가 있다. 이 차이를 명확히 하기 위해서 우선 경험과학이 앞세우는 이른바 "경험"이 무엇인지 알아보자. 실험이

---

6) K. Giel, *Studien zu einer anthropologischen Didaktik*, Heidelberg 1971, 참조.

라는 것은 인간이 스스로 자연에 대해서 제시하는 "질문"이다. 이
질문은 그 문제제기를 통해서 이미 마련된 방향에서 대답을 얻는
다. 하나의 특수하게 다듬어진 질문으로 자연에 접근해가고 그 질
문이 전제하는 조건들이 정확하게 규정된다. 그러므로 이러한 실험
은 합리적으로 계획되고 기술적으로 조작되고 수의적으로 반복되는
것이다. 실험을 통해서 인간은 그가 찾는 특수한 정보를 얻을 수 있
다. 여기서는 "우연"이라는 것이 용납되지 않는다. 물론 경험과학
적인 연구가 전체적으로 언제나 이러한 실험을 필요로 하는 것은
아니다. 그러나 경험과학적인 작업이 거기에 근거한다고 하는 경험
은 언제나 특수한 문제의식에 의해서 특수한 방향으로 수집되고 기
술적인 조작에 의해서 삶의 관련에서 분리되어 추상화된 정보들이
나 데이터들을 의미한다. 이러한 정보들이나 데이터들에 대한 조사
와 분석은 그 문제제시가 전제하는 조건들 아래서 그 일정한 질문
에 대해서 대답을 줄 수 있다. 따라서 경험과학이 경험이라고 하는
것은 특수한 형태로 제한된 그리고 특수한 의도 아래 인위적으로
조작된 경험이다. 그러므로 경험과학적인 작업은 우리에게 매우 요
긴한 정보와 지식을 가져다 주지만 그것이 우리의 앎의 전체는 아
니며 또한 우리의 앎의 원래적인 본질적인 형태도 아니다. 그것은
특수한 의도 곧 대상들의 지배를 위한 기술적인 필요성에 의해서
발전된 앎의 하나의 특이한 형태이다. 따라서 우리에게 있어서 중
요한 것은 이러한 경험과학적인 지식들을 우리의 전체적인 앎의 세
계로 바르게 받아들여서 앎과 삶의 불가분의 관계구조 속에 소화시
키는 일이다.

20

진리의 문제
전통적인 진리관 / 진리와 비판 / 진리와 대화

진리가 무엇이냐? 우리는 여기에서 늘 반복되는 빌라도의 질문을 다시 제시한다. 인간의 모든 종류의 지식들 곧 그것이 자연과학적인 지식이든지 역시학적인 지식이든지 혹은 윤리적인 세계관적인 지식이든지 그것들은 절대적인 것이 아니라는 것이 드러난 특이한 현대의 정신적인 상황 아래서 우리는 이 질문을 제시한다. 그뿐만 아니라 그 모든 지식들은 늘 일정한 가설들과 협약에 근거한 것이며 또한 그 밑바닥에는 언제나 일정한 인간적인 의도와 관심이 자리잡고 있어서 그 지식들을 가져온 인식을 조종하고 있다는 것이 드러난 특이한 철학적인 상황 아래서 우리는 진리가 무엇이냐는 질문을 다시 제시한다. 우리는 이 문제를 추구하기 위해서 종래 철학이 이 문제를 어떻게 다루었는가를 알아보자.

분석적인 인식론(Semantik)에서는 진리라는 개념은 기호화한 언어들을 위해서만 사용되고 실용주의에서는 실용적인 유용성이 진리의 기준이며 브렌타노(Brentano)에 의하여 누구에게나 확실하고 자명한 "명증(Evidenz)이 진리를 판별하는 기준이며 전통적 진리관으로선 진술과 사실이 합치되어야 한다는 "합치설(Korrespondenztheorie)"이 있고 하나의 진술이 다른 진술들과 모순없이 맞아들어야 한다는 "연관설

(Kohärenztheorie)"이 있다. 진리의 개념에 대한 이와 같이 다양한 이해들을 좀 자세히 살펴보기로 하자.

의미론(Semantik)에서는 진리를 한 문장의 술어라고 생각한다. "무엇(s)은 진리(p)이다"라는 문장의 술어라고 보는 것이다. 그런데 여기서 문장이라는 것은 언제나 특수한 언어에 속하기 때문에 그 진리는 보편적인 진리는 아니고 그 언어의 개성과 특수한 구조에 제약된다. 그러므로 진리를 한 문장의 술어라고 보고 또한 그 진리가 보편적인 진리가 되려면 그 문장이 특수한 언어의 개성과 구조의 제약을 받지 않아야 한다. 그런데 이것은 기호화한 인위적인 과학적인 언어에서만 가능하다. 왜냐하면 여기서만 문장의 의미론적인 문장론적인 규칙이 완전히 합리적으로 구성될 수 있기 때문이다. 이런저런 언어공동체들에서 특수한 역사적인 배경을 가지고 성장한 일상적인 언어들을 위해서는 그러한 의미론적인 진리 개념은 해당되지 않는다. 이러한 의미론적인 진리개념은 기호화한 언어에만 적용될 수 있기 때문에 수학과 기호논리학 이외의 과학에는 적용될 수 없다. 왜냐하면 일반과학들은 일상적인 언어들을 사용하기 때문이다.[1] 우리의 윤리사상과 세계관의 영역에 있어서는 더욱 말할 것도 없다. 그러므로 의미론적인 진리개념이란 하나의 관념적인 구상에 불과하기 때문에 현실적인 삶의 영역들에는 적용할 수가 없다.

실용주의는 진리개념을 엄밀하게 정의하려고 하지는 않았다. 그러나 실용주의는 그의 근본원리에 따라서 한 진술의 실용적인 의미를 중요시하는 것이 사실이다. 이 실용적인 의미라는 것은 역시 우선 합치설에 의해서 표현될 수 있다. 어떤 표상이나 생각이 사실과 합치한다는 것이 실용성을 위한 전제이기 때문이다. 그러므로 제임스(James)의 실용주의

---

1) Stegmüller, *Die Wahrheitsbergriff und Idee der Semantik*, 1957, S. 83, 참조.

는 전통적인 진리관 곧 합치설에서 출발한다. "진리는 사실과의 합치를 의미하며 비진리는 사실과의 불합치를 의미한다."[2] 합치의 실용적인 의미는 "우리가 그 사실을 더 잘 규제할 수 있는데 있다."[3] 고 제임스는 말한다. 듀이(Dewey)는 진리라는 개념을 "타당성(Warranted Assertibility)"이라는 개념으로 대치했다.[4] 그러면 한 판단이 타당하다는 것은 무엇을 의미하는가. 그것은 그 판단이 문제된 상황을 정리하고 불합리한 경험을 체계적인 경험 속으로 편합시키는 적절한 수단이라는 것을 의미한다는 것이다. 그런데 이러한 수단은 변화할 수 있다. 어떠한 수단도 더 좋은 수단으로 대치될 수 있기 때문이다. 그러므로 타당성이라는 것은 가변적이고 따라서 영원불변의 것이 아니다. 한 판단의 타당성의 근거를 실용주의는 실용적인 유용성에 두었지만 그러나 이 "유용성"이라는 것이 사실은 매우 모호한 개념이다. 정치적인 선전이나 상업적인 광고도 그 나름의 목적을 위해서 유용하다는 것이 밝혀지면 이른바 타당성에 속하는 것인지. 실용주의는 진리의 개념을 관념적인 논리의 영역에서 구체적인 삶의 영역으로 끌어들이기는 했지만 그 이해는 매우 모호하다. 타당성에 대한 실용적인 정의도 성실하게 받아들여지기 어렵다.

브렌타노는 처음에는 합치설을 인정했지만 뒤에는 이것을 포기하고 진술의 새로운 방식의 정당화를 시도했다. 판단한다는 것은 인간이 하나의 대상에 대해서 일정한 형식의 지향적인 관계를 갖는다는 것이다. 곧 판단한다는 것은 단순히 생각한다는 것과는 달리 하나의 대상을 긍정적으로 인정하거나 부정적으로 거부하는 것을 의미한다. 이러한 "인정"이나 "거부"는 어떤 사실에 대한 인간의 태도로서 개인마다 서로 다

---

2) James, *Der Wahrheitsbegriff des Pragmatismus*, 독어판, 1908, S. 124.

3) James, 같은 책, S. 134

4) Saavery, *The Significance of Dewey's Philosophy*, 1951, S. 491.

를 수가 있다. 그리고 이러한 인간의 태도는 변화할 수가 있다. 그런데 브렌타노에 의하면 진리는 판단하는 인간에 의존하지 않는 것이라야 하며 불변의 것이라야 한다. 그러므로 그 "인정"과 "거부"가 객관적으로 결정되어야 한다. 브렌타노에 의하면 "명증(Evidenz)"이야말로 그러한 "인정"과 "거부"를 객관적으로 결정하는 기준이 된다는 것이다.[5] 명증이라는 것은 하나의 직접적인 통찰(Einsicht)로서 모든 개인들에게 주어져 있다. 브렌타노는 매우 조심스럽게도 명증은 다만 내적인 지각과 분석적인 공리들 곧 순수한 개념들로부터 필연적으로 연역되는 공리들에만 해당되는 것이라고 했다. 이 두 가지 종류의 진술들에 대해서만 직접적인 통찰이 이른바 "인정"과 "거부"에 관해서 초개인적이고 객관적인 결정을 내릴 수가 있다. 그러므로 모든 다른 종류의 진술들은 이 두 가지 종류의 진술들 곧 내적인 지각과 분석적인 공리들의 진술들에로 환원되어야 비로소 객관적으로 그 타당성이 결정될 수 있다. 이것은 모든 경험적인 사실들에 관한 진술들도 내적인 지각의 진술에로 환원되어야 한다는 것을 의미한다. 곧 모든 경험적인 사실들에 대한 진술들이 내적인 지각의 데이터들이나 그 데이터들의 상호관계만을 포함해야 한다는 것을 의미한다. 이것은 브렌타노 자신의 실재론에 의해서도 용납될 수 없다. 그의 실재론에 의하면 외부세계에 대한 진술들은 내적인 지각이나 분석적인 공리에 관한 진술대로 환원될 수가 없다. 그러므로 명증에 의한 인정이라는 것도 진리개념을 설명하거나 대치할 수가 없다.

　진술이 그 대상으로서의 사실과 합치할 때 그 진술을 진리라고 하는 것을 합치설이라고 한다. 철학은 전통적으로 오랫 동안 이 합치설을 표방했었다. 그런데 이 경우 그 진술의 대상이 물리적인 사물일 경우에는 문제가 비교적 단순하고 명백한 것처럼 생각된다. 그러나 그 진술의 대

---

5) Brentano, *Die Lehre vom richtigen Urteil*, Hg. von Fr. Neayer-Hille-Brand, 1956. S. 194.

상이 이념적이고 관념적인 것일 경우에는 합치해야 할 상대를 붙들기가 어렵기 때문에 무엇과 어떻게 합치하는 것이 진리냐는 의문이 생겨난다. 그러므로 철학은 흔히 두 가지 지식들을 구별해왔다. 라이프니쯔는 "이성적 진리"(Vértés de raison)과 "사실적 진리"(Verite de fait)를 구별했고 흄은 "개념적 진술"(relations of ideas)과 "사실적 진술"(matters of facts)을 구별했고 칸트도 그와 비슷한 의미에서 "분석적인 판단"(analytische Urteile)과 "종합적 판단"(synthetische Urteile)을 구별했다. 합치설에 의하면 이념적이고 관념적인 대상들에 대한 진술은 합치해야 할 상대를 확인하기 어렵기 때문에 결국 물리적인 사물에 대한 진술만이 참다운 지식이 될 수 있고 따라서 진리나 비진리에 속할 수 없다. 그것은 다만 관념적인 논리로서 "정당"할 수도 있고 "부당"할 수도 있을 뿐이라고 생각된다. 그러면 수학적인 진술은 지식이 될 수 없느냐는 어려운 문제가 다시 제기된다. 그러기 때문에 브렌타노와 코탈빈스키(Kotarbinski) 같은 사람들은 모든 종류의 진술들은 사실적 진술에로 환원해서 진리와 비진리를 따지려고 했다.[6] 추상적인 개념들을 상대로 하지말고 그 개념을 말한 구체적인 인간을 상대로 진리와 비진리를 따지자는 것이다. 그런데 우리는 여기에서 하나의 새로운 관점을 배운다. 곧 진술의 대상으로서의 관념이나 개념 자체보다도 그것을 말한 주체로서의 인간에 관심을 돌리는 것이다. 우리는 이 관점을 뒤에 다시 살펴보기로 하고 우선 여기서는 이른바 합치설이 되는 것이 그대로 진리개념을 설명하기는 어렵다는 것을 말해 두어야 하겠다. 그것은 모든 종류의 진술들을 물리적인 사물에 대한 진술에로 환원한다는 것이 실제적으로 불가능할 뿐만 아니라 진술의 대상이 물리적인 사물일 경우에도 엄밀하게 말하면 이른바 "합치"를 진리의 기준으로 삼기는 어

6) Kotarbinski, *Grundgedanken des Somatismus*, 1936, S. 65. 참조.

렵다. 왜냐하면 우리가 이미 여러번 논한 바와 같이 객관적인 사물에 대한 감성적인 지각도 이미 일종의 "해석"이기 때문에 객관적인 사물 그 자체를 우리는 알 수 없기 때문이다.

하나의 진술이 다른 진술들과 모순없이 합치되어야 한다는 "연관설"도 역시 그 합치의 상대가 모호하고 일정하지 않아 진리개념을 설명하기 어렵다. 그리고 "구성설"(Konstruktionalismus)은 칸트의 경우처럼 선험적이고 절대적인 이성의 명제들을 전제할 때에만 그 진술들의 진리를 주장할 수 있는데 실제로는 그러한 선험적인 절대적인 이성의 명제들은 인정될 수가 없다. 곧 칸트의 경우에는 감성과 오성이 선험적인 "형식들"(Formen)을 갖고 있어서 이것들에 의해서 필연적이고 보편적인 논리에 따라 진술이 "구성"된다. 그 선험적인 형식들이 절대적이기 때문에 따라서 그 진술은 진리라고 할 수 있겠다. 그러나 지금 우리는 그 불변의 선험적인 이성의 형식들을 전제할 수가 없다. 현대의 합리주의적이고 비판주의적인 구성설은 언제나 가설들을 전제로 하고 거기에서 출발한다. 그러므로 여기서는 순환적인 비판의 과정을 거쳐서만 진리에 도달할 수 있다. 그러나 여기서도 진리개념에 대한 일의적인 정의는 불가능하고 다만 비판을 통해서만 진리에 도달한다는 것을 말해 줄 수 있을 뿐이다.

이제 우리는 여기에서 다시 우리의 주제 "앎과 삶"으로 돌아가서 진리의 문제를 살펴보자. 우리는 여기에서 앞에서 알아본 바와 같은 진리개념의 설명을 위한 시도들과 같은 또 하나의 시도를 꾀하지는 않는다. 다만 진리추구에 대한 인간학적인 해석학적인 관찰을 시도해 보려고 하는 것뿐이다. 우리의 앎에 있어서 진리가 어떻게 추구될 수 있는가, 우리의 진술이 어떤 삶의 조건들 아래서 진리를 지향하는가를 살펴보려는 것이다. 우리가 일상생활에서 사용하는 "진리"라는 말은 첫째로 어떤 불변의 이치를 말한다. 오늘은 이렇고 내일은 저럴 수 있는 이론은 진리가 아니다. 둘째로 진리라는 것은 어떤 경우에 있어서도 나만의 진리일 수는 없고 우리 모두의 진리라야 한다. 그리고 셋째로 진리라는 말에는 언제나 어떤 조건에 의해서 제약되지 아니한 흠없는 완전성의 표상이 함께 따라다닌다. 그런데 인간의 모든 지식은 우리가 이미 살펴본 바와 같이 깨끗이 청소된 백지 위에 보편적인 논리에 의해서 쌓아올려진 것이 아니고 언제나 이미 주어져 있는 전이해를 바탕으로 한다. 선입관, 버릇 이런 것이 우리의 모든 진술들에는 늘 함께 작용하고 있다. 이미 말한 바와 같이 전이해는 우리의 지식의 산모이기 때문에 우리의 지식은 전이해를 떠날 수가 없다. 이것은 우리의 모든 지식이 불가피하게 전이해의 제약을 받는다는 것을 의미한다. 이러한 제약이 우리의 지식을 위해서 가져올 수 있는 흠들 때문에 진리에 이르는 길은 불가피하게 성찰과 비판을 거쳐가는 길뿐이다. 그런데 우리의 전이해는 대체로 무의식적으로 보이지 않게 작용할 뿐만 아니라 우리의 전이해는 우리의 삶의 역사 속에 뿌리깊이 근거하고 있기 때문에 경우에 따라서는 그러한 성찰과 반성은 표면적 논리에 대해서 뿐만 아니라 깊은 자아 성찰과 자기비판이어야 할 때가 많다. 나의 진술이 진리냐 혹은 적어도 진리를 지향하고 있느냐는 것은 나의 삶의 전체적인 의미 관련을 통해서만 드러날 수가 있기 때문이다. 어떤 하나의 진술을 그의 전체적인 의미 관련에서 분리시켜서 파악하려고 하면 그 의미를 이해하기 어렵고 따라서 그것이 진리인지 아닌지 문제되기 어렵다. 우리의 윤리적이고 세계관적인 판단과 진술들뿐만 아니라 자연과학적인 진술까지도 그 전체적인 의미관련에서 분리되어서 이해될 수는 없다. 따라서 하나의 진술이 진리냐 아니냐는 것을 분석하기 위해서는 그 진술이 배경으로 하고 있는 삶의 구조 전체를 문제삼아야 할 수도 있다. 그러므로 진리에 이르는 길은 성찰과 비판이어야 할 때가 많다는 것이다. 흔히 하나의 진술이 진리냐 아니냐는 것을 살피기 위해서 그 학문의 공동체에 속하는 이해지평 혹은 그 진술자가 살고 있는 사회전체의 구조를 분석해야 할 경우가 있다. 우리가 비판을 통해서만 진리에 이른다고 할 경우에 비판이라는 것은 진술들의 문법적인 비판으로부터 시작해서 그 진술들이 그것을 토대로한 선험적인 지평의 분석에 이르기까지의 넓은 의미를 가졌다. 이것은 앎과 삶의 불가분의 관계 때문이다.

　다음으로 우리의 모든 지식들 배후에는 우리의 인식작업을 이끌어온 일정한 의도와 관심이 도사리고 있다는 것을 생각해야 하겠다. 그러므로 우리의 모든 진술들은 언제나 특수한 의도와 관심에 의해서 조종되고 있다는 것을 인정하지 않을 수 없다. 그러므로 어떤 하나의 진술이 진리냐 아니냐는 것은 그 진술자의 참다운 삶의 의도와 분리되어서 생각될 수가 없다.[7] 인간의 모든 의도와 관심은 늘 그의 삶의 구조와 사회적인 상황과 결부되어 있다. 따라서 인간의 지식은 언제나 그러한 특수한 의도와 관심에 의한 특수한 관점 특수한 전망에 철두철미 구속된 것이다. 나의 모든 진술은 또한 그러한 특수한 관점과 특수한 전망에 대해서 상대적이다. 그러므로 나의 진술이 나의 이와 같은 특수한 관점과 전망의 테두리를 넘어서 우리의 광장에서 시험되기 위해서는 나와 입장이 다른 사람들과의 대화를 통하는 길밖에 없다. 진리에 이르는 길은 대화를 통해서 가는 길이다.

　대화를 통해서만 나는 나의 좁은 관점을 벗어나서 넓은 우리의 관점에 접근할 수 있고 대화를 통해서만 나의 특수한 의도와 관심이 너의 의도와 관심과의 접촉으로 말미암아 우리의 의도와 관심에로 전환될 수 있다. 볼노브가 말한 바와 같이 대화를 통해서만 우리는 진술의 공동성에 이를 수 있고 따라서 진리의 객관성을 지향할 수 있게 된다. 대화는 볼노브가 그의 "언어와 교육"[8]에서 매우 인상적으로 묘사한 바와 같이 열

---

7) J. Habermas, *Technik und Wissenschaft als Ideologie* : Frankfurt 1968. S. 167. ……daβ die Wahrheit von Aussagen in letzter Instanz an die Intention des wahren Lebens gebunden ist,……

린 마음을 전제로 한다. 대화는 좁은 목적의식에 의해서 조종되는 협상과도 다르고 나의 주장을 관철해야 하는 토론과도 다르다. 대화는 어떤 목적이나 시간에 구애됨이 없이 열린 마음으로 나의 생각을 말하고 다시 이에 대한 너의 비판과 생각을 듣는다. 나의 생각도 너의 생각도 절대적이 아니고 우리는 함께 공동의 진리에 접근할 수 있다는 것이 여기에는 전제되어 있어야 한다. 처음부터 나의 생각만이 옳고 너의 생각은 틀렸다면 대화는 성립될 수 없다. 그러므로 대화는 즐겨서 나와 다른 생각을 받아들이려는 열린 태도에 의해서만 성립되는 것이다. 인간은 자아의 성벽에 둘러싸여서 폐쇄적으로 자아의 좁은 테두리 안에 갇혀 있을 때는 진정한 자아를 바라보지 못하지만 자아의 성벽을 넘어서 열린 대화를 할 때 비로소 자아를 발견한다. 대화를 통해서 나를 발견하고 동시에 너를 알게 된다. 하이데거가 즐겨 인용하는 횔더린(Hölderlin)의 싯귀 "대화가 있으면서 우리는 존재한다"는 그러한 나와 너의 발견을 의미한다. 그런데 바로 이와 같은 대화를 통해서만 우리는 나의 진술들을 우리의 진술들로 다듬고 나의 의견을 우리의 이론으로 정립하고 나의 지식을 우리의 공동의 앎의 광장으로 인도한다. 우리는 대화를 통해서만 나의 선입관과 나의 의도와 관심에 의해서 조종되는 나의 좁은 관점을 초월할 수 있기 때문이다. 대화만이 우리의 진술의 주관성을 극복하고 간주체성을 보장할 수 있다.

그러므로 참다운 개방적인 대화가 억압된 상황 아래서는 진리에 이르는 길은 차단되어 있는 것이다. 참다운 개방적인 대화를 늘 왜곡하고 방해하는 삶의 조건들을 우리는 여러 가지로 생각할 수 있다. 그것은 개인적인 삶의 조건들일 수도 사회적인 삶의 조건들일 수도 있다. 그것이 사회적인 부조리, 계급적인 갈등, 혹은 정치적인 지배일 수도 있다. 이러

---

8) O. F. Bollnow, *Sprache und Erziehung*, Stuttgart 1966. 참조.

한 조건들이 참다운 개방적인 대화를 저해하고 왜곡할 때 진리에의 길은 막혀버린다. 하버마스가 "진술들의 진리는 해방된 삶의 선취에 근거한다"[9]고 한 것은 그러한 억압적인 조건들을 제거하는 것이 진리에의 길을 닦는 것이라는 뜻이다. 맑스에 의하면 계급사회에서는 인간의 이성은 진리를 파악할 자격을 상실한다. 그래서 철학자들은 보편적인 진리를 말하고 있다고 믿으면서도 사실은 그가 속하는 계급의 이익을 대변한다. 그러나 계급 없는 사회에서는 역시 인간의 이성은 진리에 봉사한다는 것이다. 맑스가 생각하는 계급사회와 계급 없는 사회에 대한 기대를 우리가 그대로 쫓을 수는 없지만 그는 여기에서 아주 중요한 진실의 일단을 표현하고 있다. 곧 이성이 아무 제약도 왜곡도 없이 진리에 봉사한다는 것은 적어도 삶의 해방을 전제한다는 것이다.

그러므로 성찰된 개인적인 삶, 해방된 사회적인 삶이 우리를 진리에로 이끌어 준다. 왜냐하면 그러한 성찰과 해방은 우리의 진술을 왜곡하고 제약하는 모든 개인적인 사회적인 조건들을 제거해 주고 철저한 비판과 참다운 대화를 가능하게 하기 때문이다. 진리에 이르는 길은 비판과 대화를 거쳐서 가는 길이다.

---

9) J. Habermas, 같은 책, S. 164. "Insofern grundet die Wahrheit von Aussagen in der Antizipation des gelungenen Lebens."

■ 중요한 참고서들

Adorno, Th. W., *u. a. Der Positivismusstreit in der deutschen Soziologie*, Berlin 1969.

Albert, H., *Traktat über die kritische Vernunft*, Tübingen 1968.

Aron, R., *Deutsche Soziologie der Gegenwart*, Stuttgart 1965.

Barber, B. R., *Science, Salience und Comparativ Education*, Hamburg, 1971.

Bollnow, O. F., *Empirische Wissenschaft und Hermeneutische Pädagogik*, Tübingen 1971.

Bollow, O. F., *Philosophie der Erkenntis*, Stuttgart 1970.

Dahrendorf, R., *Pfade aus Utopia*, München, 1967.

Fischer, A., *Die philosophischen Grudlagen der wissenschaftlichen Erkenntnislehre*, Wien 1967.

Gadamer, H, *Wahrheit und Methode*, Tübingen 1960.

Habermas, J., *Erkenntnis und Interesse*, Frankfurt 1968.

Habermas, J., *Technik und Wissenschaft als Ideologie*, Frankfurt 1968.

Habermas, J., *Zur Logik der Sozialwissenschaften*, Tübingen 1966.

Kraft, V., *Erkenntnislehre*, Wien 1960.

Marcuse, H., *Der eindimensionale Mensch*, Berlin 1967.

Topitsch, E., *Logik der Sozialwissenchaften*, Berlin 1965.